思维过山车
大脑激活器

每个小学生都爱玩的
脑筋急转弯

白雯婷 / 主编

華齡出版社

责任编辑：潘笑竹
责任印刷：李未圻
封面设计：颜　森

图书在版编目（CIP）数据

每个小学生都爱玩的脑筋急转弯 / 白雯婷主编. --
北京：华龄出版社，2017.9
ISBN 978-7-5169-1067-2

Ⅰ. ①每… Ⅱ. ①白… Ⅲ. ①智力游戏 – 少儿读物
Ⅳ. ①G898.2

中国版本图书馆CIP数据核字（2017）第225287号

书　　名：每个小学生都爱玩的脑筋急转弯
作　　者：白雯婷　主编

出 版 人：胡福君
出版发行：华龄出版社
地　　址：北京市东城区安定门外大街甲57号　邮　编：100011
电　　话：84044445（发行部）　传　真：84049572
网　　址：http://www.hualingpress.com

印　　刷：三河市龙大印装有限公司
版　　次：2018年6月第1版　2018年6月第1次印刷
开　　本：710 × 1000　1/16　印　张：14
字　　数：170千字
定　　价：38.00元

前言

Preface

在《第一哲学沉思录》(《Meditations on the First Philosophy》)中，笛卡尔提出了一个疑问——就是人的感官是否并不是源自“某个邪恶的魔鬼”，而是源自自身体验，同时，他发出了“我思故我在”的声音。简单理解，就是因为人类大脑的思考，所以我们才有了存在的意义，才有了思考自己存在的价值。

而在1996年，日本的一名医学博士——春山茂雄——出版的作品《脑内革命》，不仅让人开始重视脑健康，同时提出了一个观点——潜能开发当从大脑革命开始。他认为，当人们正面积极地思考时，会产生一种脑内吗啡，会有助于舒缓和转换情绪；反之，则会变得更加沉郁。即如果我们愿意相信自己能够有更好的潜力、能够迎接更好的变化，那么，我们就可以做到。而人类的转变可以从改变大脑思考开始，以此让我们变得更快乐、更聪明。

所以，改变思考方式，调整思维模式，是我们开发潜能、提高能力、优化感知、促进与世界和谐相处的好方法。

这也是我们这本书的初衷。和市面上很多同类书不同，本书不是单纯的“逗乐”书，而是一本通过轻松的氛围、好玩的素材潜移默化调整我们思维模式的脑筋急转弯书籍。我们希望通过一个“好玩有趣”的载体，来拓宽思考维度、看问题的方式、分析事物的角度，等等。或许在我们笑着看完一个题目时，会豁然开朗——“哦！原来还可以这样想问题”。

同时，本书会细化领域，将很多同类型题放在一起，便于思考和对比。

在人物篇中，有二次元角色，也有三次元真人，同时还有一些称谓式题。

在创意篇中，有很多跳脱正常思维的“奇葩”答案，很好玩也很出乎意料，但是也的确是一种焕然一新的视野，有助于丰富想象力。

在语言篇中，则是对文字和言辞的趣味解析，用一种快乐另类的方式重新认识我们的语言。

在运动篇中，则从不同的视角和思考方式，分析和猜测真实的运动和其方式。

……

同时，我们也在书中设置了对大脑的认知分析、大脑训练法、趣味思考题等章节，使我们对大脑和思维模式的认知更有总结性和归纳性。

总之，本书是“好玩、好看、好思考”，不只是一本“脑筋急转弯”，更是一本“思维训练法”，书中既有逻辑缜密的题目，包括逻辑型、推理型、谜语型；同时，也有娱乐性强的题目，有一些问题和答案甚至“无厘头”，却能独成一种自圆其说的想法，让人大笑之余拓宽思路模式。这是两种不同的思路方式，却都能达到锻炼大脑的目的。它让我们从更多角度、用更多方式、开更大脑洞思考问题和看待世界。

亲爱的读者，希望这本书不仅能够为您带来欢乐，也能够带去关于大脑和思维的启发。谢谢阅读！

目录 contents

序章　大脑说明书

大脑比你想象的更厉害

对大脑的开发和研究，引起了很多科学家的注意，他们做了很多有益的探索，也取得了很多新的科研成果。过去 10 年中，人类对大脑的认识比过去整个科学史上所认识的还要多得多。特别是近代科技上所取得的惊人成就，使我们能够借助它们得以一窥大脑的奥秘。他们一致认为，世界上最复杂的东西莫过于人的大脑。

人类对大脑的了解越多，越发现人脑的容量和潜能远远超过早期的预料。大脑的存储量对记录每秒 1000 个新的信息单位而绰绰有余。大脑的运算速度之快令人咂舌，几百分之一秒内接收一个人脸的视觉映象；四分之一秒内分析它的详细情况，并将全部信息综合成一个整体，进而在大脑中产生一个明确的、三维的面容，整个过程仅需要 1 秒钟。

有人测算，在正常情况下，人脑贮存信息的能力约为 1015 比特（如：这个数是 1 吗？回答是或不是，得到的信息量是 1 比特），这比目前的数字电子计算机贮存信息的总量还要大 100 万倍，其数量与全世界图书馆现存书籍的总信息量相仿。

美国麻省理工学院的一份报告说，假如你好学不倦，那么，你脑子一生贮存的各种知识，将相当于美国全国图书馆藏书的 50 倍。也就是说，人的脑子里可以容纳 5 亿多本书的知识。

脑量大小和智力高低

也许现在听起来有些荒诞，但是，在 20 世纪初，人们普遍认为脑容量大的人更聪明。这一说法源于 1932 年，当时法国学者在解剖法国科学院院士、已故动物学家居维叶的遗体时发现，他的大脑比普通人重 400 多克，于是，“脑容量大就聪明”的说法就流传开了。

从整个动物界来看，脑子的重量与智慧高低的确存在一定的关系。

从一般哺乳动物到人类，从古猿到类人猿，大脑的重量有很明显的区别。大猩猩的脑容量不足 500 克，北京猿人的脑重约为 1075 克；而现代男性的脑重高达 1400 克，女性较轻，也有大约 1300 克。但是，也不能单纯以大脑重量来衡量智力，例如鲸的脑重高达 9000 克，大象的脑重为 6000 克，都比人脑重得多，虽说鲸、象也很聪明，可它们的智力与人类无法相比。如果比较脑重与体重的比例，人的脑重约是 1/ 50，而鲸和大象分别只有 1/ 10000 和 1/ 1000，亿万年前曾经称霸于世界的恐龙体重高达几十吨，可脑子的重量却只有 500 克左右，智力十分低下，因此有人认为，脑容量过小是恐龙过早灭绝的一个重要原因。正如达尔文所说，“人脑占身体的比例与大猩猩或猩猩相比差距很大，这和人有较高精神能力密切相关”。但是，人的脑重与体重之比在动物界也并不是最大的，比如海豚大脑的相对重量就比人的大。

有人曾经研究了几十位著名科学家、艺术家、文学家和政治家的大脑，试图找出人脑重量与智力的关系。结果发现，俄国著名作家屠格涅夫的脑重是 2000 多克，德国著名哲学家康德的脑重是 1650 克，而法国著名作家、诺贝尔文学奖获得者佛朗斯的脑重却只有 1017 克，几乎只是屠格涅夫大脑的一半重量！

综合上述各方面的研究结果，我们可以看出，脑量大小与智力高低的确存在一定的联系，但并没有绝对的联系，单纯以大脑的重量来衡量智力是不科学的。

双脑计——左右脑如何分工

大脑可分成左、右两个半球，左半球就是“左脑”，右半球就是“右脑”，尽管左脑和右脑的形状相同，二者的功能却大相径庭。左脑主要负责语言，也就是用语言来处理信息，把我们通过五种感官（视觉、听觉、触觉、味觉和嗅觉）感受到的信息传入大脑中，再转换成语言表达出来。因此，左脑主要起处理语言、逻辑思维和判断的作用，即它具有学习的本领。右脑主要用来处理节奏、旋律、音乐、图像和幻想，它能将接收到的信息以图像方式进行处理，并且在瞬间即可处理完毕。一般大量的信息处理工作（例如心算、速读等）是由右脑完

成的。右脑具有创造性活动的本领。例如，我们仅凭熟悉的声音或脚步声，即可判断来人是谁。

左脑和右脑分别对我们的行为起着不同的作用，在做某件具体的事时，左脑可能比右脑更活跃，或者正好相反，两个半脑总是分工合作，而不是像开关似的，一边开了，另一边就关。长期以来的研究证明，左脑和右脑的区别主要有以下四点。

左脑	右脑
控制右半侧身体	控制左半侧身体
按先后顺序进行活动	同时同步进行活动
理解字面语意	领悟话外音
分析细节	考虑全局

• 左脑控制右半侧身体，右脑控制左半侧身体

听起来有些不可思议，我们的左手不是由左脑控制的吗？现在举起你的左手，你的右半脑，准确地说是右半脑的某个区域，发出了这个指令。然后抬起你的右脚，现在是你的左半脑某个区域指挥完成的这个动作。事实就是这样，我们大脑与身体是对侧控制的，这也就是为什么左脑受伤的人右侧肢体行动困难，反之亦然。生活中，大约有90%的人是右撇子，即90%的人都是由左脑控制生活中主要的行为，例如书写、绘画、使用筷子，等等。

• 左半脑按先后顺序进行活动，右半脑同时同步进行活动

让我们看看左脑是如何进行工作的。“左脑按先后顺序进行活动”，当你读这个句子的时候，你先看到“左”字，然后是“脑”字，逐字逐词地读进脑子里。这是你左脑擅长的，依次处理声音和图像信号。

右脑则擅长综合性的评价。右脑辨别相貌的能力特别突出，这使得人类的大脑优于计算机，原因在于，虽然我们现在使用的苹果计算机每秒钟能进行100万次运算，比地球上最快的左脑快得多。但是，即使是蹒跚学步的幼儿，识别人脸的速度和准确度也远远超过世界上最快的计算机。

·左脑理解字面语意，右脑领悟话外音

现有研究显示，大多数人的语言功能来自左脑（包括95%的右撇子和70%的左撇子，其余大约8%的人语言功能的分布比较复杂）。但这并不是说右脑不具有语言功能，相反，右脑对于理解语言的深刻含义起着举足轻重的作用。

假设，有一天晚上，你和爱人在家做晚饭，你爱人突然发现你忘了买一样很重要的配料，于是瞪了你一眼，抓起钥匙就出门，“我去超市买！”几乎所有脑子正常的人都会明白两件事：第一，你的爱人要去超市；第二，你的爱人生气了。这个过程中，左右半脑是如何工作的呢？首先，你的左脑接收到爱人说的话，进行语音和语法的分析，理解字面的意思。同时，你的右脑理解了第二个含义，瞪你的眼神，从牙缝里挤出的话语，都说明你的爱人生气了，表面上听起来中性的词句，充满了感情色彩。

脑部受损的人不能同时产生这两个结论。如果是右脑受损，就只能理解到，你爱人将要去超市，但不能体会到你爱人的恼怒；如果是左脑受损，则会明白你爱人很恼火，但并不知道你爱人要去哪儿。

概言之，左脑决定要说什么，右脑决定怎样说——包括那些非言语的，常常是带有感情色彩的暗号，例如撇嘴、耸肩和说话的音调等。

·左脑分析细节，右脑考虑全局

对于了解错综复杂的事情，左右半脑也是分工配合，相得益彰。罗杰·斯佩里在他和杰尔·利维·阿格雷斯特共著的一篇论文里这样描述这个差别：

“研究数据显示，次要的、无言的右脑擅长完形感知，是一个外界输入的信息的处理者。言语的、主要的左脑正好相反，是按逻辑分析的、像计算机的处理模式进行运作。左脑的语言能力比不上右脑复杂而迅速的合成能力。”

概言之，左脑捕捉细节，右脑看到全景；左脑注重分类，右脑则注重联系。

心智不全的“天才”

现实生活中有这样一些人，他们心智不全、智商很低，但在艺术、

数学等方面有着令人叹为观止的才华，例如有一对心智不全的双胞胎，他们能够算出8000年中的任何一天是星期几，还有一人能够一字不漏地重复任意长度、任何语言中的话语。现有的理论认为，这些人左脑的功能丧失，使得右脑的功能被激发并占据主导地位，从而在音乐、美术等有右脑主管的领域中显得比常人更优秀。

灵感：火花闪耀时

由于大脑在不同时间的状态有所差别，因而灵感的产生会遵循一定的时间规律。不少发明家体会到，临睡前和刚醒来的时候灵感最容易光顾。人躺着时，大脑供血状况得到明显的改善，为大脑活动提供了最佳的营养保证。一觉醒来，大脑在得到一段时间的休息后，又将进入精力充沛的状态，这些也为灵感火花在夜间爆发创造了有利的条件。脑研究专家们还通过脑电图的研究发现，绝大多数脑细胞的电活动在夜间易处于同步状况，这也为最大限度地发挥大脑潜能提供了有利条件。

此外，在浓重的夜色中闭目而思，避免了来自视觉的信息对大脑思维活动的干扰刺激，静卧于床上又能将触觉信息对思维的干扰降低到最低程度，这十分有利于最大限度地发挥大脑思维潜力，使人对问题的思考易于突破。如果此时再遇上特殊因素的激发，就很有可能使大脑潜力超常发挥，产生灵感。

研究显示，身体活动能力水平与大脑的思维功能保持有关。体育活动能够促进一种对大脑工作和生存有决定性意义的生长因素的产生，即脑衍生的神经营养素（BDNF）。体育运动能够增加海马区域的BDNF水平，这些因素被传送到前脑部位的胆碱能神经细胞，这个部位与老年痴呆性疾病以及其他与年龄有关的机能衰退类疾病的发生有重要联系。

Chapter 1　欢乐喜剧人：人物篇

鬼魂大会

一月圆之夜，全世界的鬼魂都聚集在一起开狂欢大会，偏偏只有狼人没有到，为什么？

答案：因为狼人是妖怪不是鬼。

不认识

小红帽从大灰狼面前走过，为什么大灰狼没有认出她？

答案：因为她这次没有戴小红帽。

武松被捕

武松被警察逮捕了，你知道为什么吗？

答案：因为他打死了老虎，触犯了《野生动物保护法》。

献血车

尽管很方便，但吸血鬼为什么不去偷献血车上的血？

答案：因为他害怕献血车上的红十字。

沉思者

为什么罗丹的雕塑作品《沉思者》没有穿衣服？

答案：因为他正在想穿哪一件衣服比较好看。

保持站立

为什么自由女神像老站在纽约港？

答案：因为她不能坐。

谁最肥

哪个卡通人物最肥？

答案：小飞侠，因为飞（肥）呀飞（肥）呀小飞侠。

最黑暗

世界上最黑暗的动漫人物是谁？

答案：机器猫，因为他伸手不见五指。

探望病人

柯南病重，谁一定会来探望？

答案：名侦，因为名侦探柯南。

哪方夜谭

阿里巴巴和四十大盗是东方夜谭还是西方夜谭？

答案：是天方夜谭。

超人和蝙蝠侠

超人和蝙蝠侠有什么不同？

答案：一个内裤穿里面，一个内裤穿外面。

最轻松的工作

一年才上一天班又不怕被解雇的人是谁？

答案：圣诞老人。

林黛玉的死因

聪明绝顶而又弱不禁风的林黛玉究竟是怎么死的？

答案：摔死的，因为“天下掉下个林妹妹”。

“咕咕”叫

狗会“汪汪”地叫，猫会“喵喵”地叫，谁会“咕咕”地叫呢？

答案：杨过，整天叫“姑姑”。

木兰换装

从军 18 年的花木兰换上女装后，为什么令昔日的袍泽大感惊讶？

答案：他们觉得花木兰还是穿男装好看。

没醒来的睡美人

王子吻了睡美人，为什么睡美人没有醒来？

答案：因为睡美人赖床了。

住灯泡

哈利·波特为什么会住在灯泡里？

答案：因为哈利·波特是巫师（钨丝）。

同情心

世界上最富有同情心的动漫人物是谁？

答案：机器猫，因为它总是向人伸出援（圆）手！

华盛顿的父亲

华盛顿小时候砍倒他父亲的樱桃树时，父亲为什么没有马上打他？

答案：因为当时他手上还拿着斧子。

发现万有引力

牛顿为什么能发现万有引力？

答案：因为他想知道到底是谁砸中了他的脑袋。

没有“难”字

为什么拿破仑的字典里没有一个“难”字？

答案：因为他用的是法文字典，当然没有“难”字。

无法过桥

除了彩虹桥，什么桥人和车都不能通过？

答案：郑板桥。

三国人物

孔雀收屏，是哪个三国人物？

答案：关羽。

贝多芬的启示

贝多芬给了我们什么样的启示？

答案：多“背”分就会多。

不同的世界

如果诸葛亮还活着，现在的世界会有什么不同？

答案：多一个人。

因为诚实

喜欢他是因为看中他的诚实，是哪个外国科学家？

答案：爱因斯坦。

巅峰之作

作家大仲马一生写过很多伟大的作品，他生平最好的作品是哪一部？

答案：是小仲马。

小说人物

一个钥匙掉进了屎坑里，是金庸小说里的哪个人物？

答案：黄药师（钥匙）。

她是谁

我叔叔的弟媳，但不是我婶婶，那她是谁？

答案：我妈妈。

姨妈的姐姐

你姨妈有个姐姐，但你不叫她姨妈，她是谁？

答案：妈妈。

有人服侍

什么人可以饭来张口，衣来伸手？

答案：婴儿。

先当公公

什么人没当爸爸就先当公公？

答案：太监。

照片上的男人

一个男人正在看一张照片，对旁边的女人说："我没有兄弟姐妹，可照片上这个男人的父亲是我父亲的儿子。"你知道他说的这个男人是谁吗？

答案：是他儿子。

天昏地暗

什么人会感觉到天昏地暗？

答案：戴太阳镜的人。

聪明讨人厌

什么人越聪明就越让人讨厌？

答案：坏人。

胆小如鼠

什么样的人胆小如鼠？

答案：见到猫就怕的人。

天生称王

什么人一生下来就称王？

答案：姓王的人。

走不完

什么人总有走不完的路？

答案：大有前途的人。

守时

什么人的时间观念最强？

答案：修钟表的人。

坐立不安

什么样的人，没有遇上麻烦事，但心里总是七上八下的？

答案：心律不齐的人。

与人作对

什么人总爱与人作对，人们却不讨厌他？

答案：写对联的人。

Chapter 2　奇葩说：创意篇

闪闪的露珠

正午，太阳当空，树叶上的露珠为什么一闪一闪的？

答案：因为太阳晃眼睛，露珠不停地眨眼。

屁股上的牙印

老张躺在床上睡午觉，醒来后却发现屁股上有一排牙印，这是怎么回事？

答案：睡觉时屁股压在他的假牙上了。

看得见、摸不到

一个阴森的夜晚，眼前一个长发披肩，脸色苍白的女孩，用手去摸，却摸不着，为什么？

答案：因为中间隔着透明的玻璃。

一切正常

老张去医院做体检，检查结果一切正常，为什么老张还是一脸的郁闷？

答案：原来什么毛病都没有，白花了100多块钱。

诡异的电话

小王半夜里睡不着觉，拿起电话随便拨了几个号码，却连续9次都听到相同的声音，这是怎么回事？

答案：因为他每次都正好拨到空号，“您拨打的号码是空号，请查证后再拨”。

抽烟的原因

为什么很多人明明知道抽烟有害健康还要不停地抽烟？

答案：因为他们想让别人知道抽烟的坏处。

打车

曹兰在马路边拦下一辆计程车，当她坐进车中后立刻被司机赶出

来，为什么？

答案：因为司机问她去哪儿，她说不告诉你。

浮出水面

7个好人和3个坏蛋同搭一艘渡轮，中途船翻了，7个好人沉入水中淹死了，3个坏蛋却很快就浮出水面，为什么？

答案：因为蛋坏了以后才能浮上来。

消失的船

一艘正在水中航行的船为什么会突然消失得无影无踪？

答案：因为小宝已经洗完澡把它拿走了。

不愿签名

小琳请男歌星签名，男歌星死活不肯，为什么？

答案：小琳要他签在户口本的配偶栏里。

埋在地下

人死后为什么要埋在地下？

答案：去阴曹地府比较方便。

音乐天才

不懂音乐的小明在听老师弹了一首贝多芬的曲子后，竟然知道老师弹的是什么，为什么？

答案：老师弹的是钢琴。

一天一支

医生告诉患者："你这个病，一天只抽一支烟就行，可以延长寿命。"患者照办了，为什么没过多久就死了？

答案：因为这位患者原本不抽烟。

相像

老婆婆的脸和婴儿的脸很像，为什么？

答案：都没有牙齿。

另一名男人

有个歹徒成功地绑架了某公司老总，并将其单独关在一间牢房内。地牢只有一个入口，且入口处24小时均有人监视，并无人进出。但是到了第二天，地牢内除了老总，还有一名男人关在里面。请问那个男人

是如何进去的？

答案：被关在地牢的是怀孕的女老总，她生下了一名男婴。

走兽的耳朵

为什么陆地上走兽的耳朵大多长在头顶上，而人不是这样？

答案：因为人要戴帽子，而动物不戴帽子。

冰块敷嘴

小曹去参加讲笑话比赛，一路上小明一直用冰块敷嘴巴，为什么？

答案：因为怕到时笑话不新鲜。

穿高跟鞋

为什么女人穿高跟鞋容易被男人追？

答案：因为穿高跟鞋走得慢。

咸海水

天上下的雨不是咸的，那海水为什么是咸的？

答案：因为鱼流的泪太多了。

先看见闪电

为什么先看见闪电后听见打雷？

答案：因为眼睛长在前面，耳朵长在后面。

打死狼

一个猎人，一支枪，枪射程 100 米，有一只狼离猎人 200 米，猎人和狼都不动，猎人却开枪把狼打死了？

答案：因为枪长 100 米。

谁更安全

阿明乘坐汽车旅行时出车祸受了重伤，为什么他仍坚持认为坐飞机一点也不比坐汽车安全？

答案：因为这次车祸是飞机失事坠落击中了汽车。

迷失

大牛靠在椅子上睡着了，醒来却不知道自己在哪儿了，为什么？

答案：他在公交车上睡过站了。

往前走

人为什么总是往前走？

答案：因为后面没长眼睛。

等车的人

阿发在站牌下等车，车过了好几辆，他却原地不动，为什么？

答案：因为他脚下踩着一张百元大钞，想等到旁边没人的时候捡起来。

嚼不烂

有一个人总在嚼东西，却总也嚼不烂，为什么？

答案：是嚼舌根的长舌妇。

不愿上天堂

好心肠的约翰去世了，天使决定要带他上天堂，为什么他坚决不肯去？

答案：因为约翰有恐高症。

撞头之后

阿牛走路时不小心一头撞在电线杆上，可是为什么后来连手也会痛？

答案：他一生气，狠狠地揍了电线杆一顿。

开心的失主

有一个人丢了头毛驴却不去找，反而不停地说“谢天谢地”，为什么？

答案：幸好自己没有骑在这头毛驴上，要不然连自己都丢了。

从诗推人

从“床前明月光，疑是地上霜”这句诗中能看出李白是个怎样的人？

答案：近视眼。床前明月光，咦？是地上霜。

最大的遗憾

亚当和夏娃结婚时最大的遗憾是什么？

答案：没有人来参加婚礼。

最大头

什么头最大？

答案：前头。你前头的东西可以是无限量的。

最后的事

一个人在临死之前要做的最后一件事是什么？

答案：咽下最后一口气。

最长

世界上除了火车，什么车最长？

答案：堵车。

最麻烦

吃西瓜要吐子，吃鸡肉要吐骨头，吃什么东西最麻烦？

答案：吃官司。

最难找

黄先生对于寻找失物十分在行，再小的东西丢了，他都能找出来。可是有一次他丢了一样东西怎么找也找不到，他到底丢了什么？

答案：丢了隐形眼镜，看不见。

最重要

参加高考，除了准考证，最重要的是什么？

答案：记得起床。

最安全的船

什么船最安全？

答案：停在海滩上的船。

最难等

在什么地方等人最难等？

答案：搞错地点的地方。

最花时间

人们做什么事情需要的时间最长？

答案：走完人生路。

死亡最多

什么原因造成的死亡人数最多？

答案：医治无效。

甘愿受骗

明知道对方是虚情假意，却心甘情愿地陪对方流泪，这是什么情况？

答案：看电视连续剧。

最慢的车

马车、自行车、汽车，什么车的速度最慢？

答案：老牛拉破车。

火柴棒的遭遇

有一天，一根火柴棒感到头很痒，就去抓，头就烧起来了，然后被送去医院。从急诊室出来后，猜猜他变成什么样了？

答案：棉花棒，因为头被包扎起来了。

蚂蚁的嘴

有什么东西比蚂蚁的嘴还小？

答案：蚂蚁吃进去的东西。

一半苹果

切一半的苹果跟什么最像呢？

答案：另一半。

熊猫的愿望

熊猫被奉为国宝，可是它也有遗憾，你知道熊猫一生最想实现的两个愿望是什么吗？

答案：这辈子就想睡个好觉，然后再拍一张彩色的照片。

自食其果

什么人在什么情况下，才算真正自食其果？

答案：水果店老板得罪了所有的顾客。

修改句式

老师让小王把“哥哥去学校”这句话改成将来式，你猜他是怎么改的？

答案：“哥哥的儿子去学校”。

咬眼睛

甲跟乙打赌：“我可以咬到自己的右眼。”乙不信，甲把假的右眼拿下来放在嘴里咬了五下。甲又说：“我还可以咬到自己的左眼。”乙仍然不信，结果，甲又赢了，他是怎么做到的？

答案：他把假牙拿下来咬左眼。

三个鬼

三个金叫“鑫”，三个水叫“淼”，三个人叫“众”，那么三个鬼应该叫什么？

答案：叫“救命”。

不能喝酒的酒鬼

酒鬼酒喝多了伤身，不喝呢？

答案：伤心。

跳河

有个小学生想跳过两米宽的一条河，试了几次都失败了。可是后来，他什么工具也没用就达到了目的。你知道他用的是什么好办法吗？

答案：他长大成人后，实现了自己的愿望。

带洞的袜子

新买的袜子怎么会有一个洞？

答案：袜口。

怎么过去

一个人被老虎穷追不舍，突然，前面有一条大河，他不会游泳，他是怎么过去的？

答案：后有老虎，前无出路，他晕过去了。

凳子敲人

人敲凳子会发出“咚咚”声，那么凳子敲人会发出什么声？

答案：惨叫声。

吃天鹅肉

癞蛤蟆怎样才能吃到天鹅肉？

答案：天鹅死了。

弄脏琴键

小明的手很脏，这时候他去弹钢琴，但他并没有洗手，把钢琴弄脏了，不过竟然看不出来。这是为什么？

答案：因为他只弹黑键。

名词解释

请解释擒贼先擒王。

答案：丢了东西先去找姓王的。

事件新闻

有个国家意外事件天天发生，而当天发生的所有意外事件，都会刊载在该国一份叫作《事件新闻》的晚报上。有一天，该国奇迹似的没有发生任何事件，该报却仍刊出意外事件。究竟这个专门写意外事件的报纸，还有什么意外新闻可以报道呢？

答案：没有发生任何事件的消息本身，就是值得该报大写特写的一件大事。

电梯的好处

电梯除了比楼梯省时省力，最大的好处是什么？

答案：万一跌倒不会一直滚下去。

玩跷跷板

两个身高、体重相当的小朋友在玩跷跷板，你猜结果会如何？

答案：当然是玩得很开心啦。

贡献最大的奖

金钟奖、金马奖、金像奖哪个对国家贡献最大？

答案：金钟奖，“精忠报国”。

翅膀

如果你有一双翅膀你会做什么？

答案：赶紧去医院看病。

不弹琴的右手

小娜伸出右手对她的家教说：“贝多芬从来不用这只手弹钢琴。”她说得对吗？

答案：对，因为这是小娜的右手！

七窍生烟

人在什么情况下会七窍生烟？

答案：火葬。

秃头的好处

秃头的好处是什么？

答案：省了一笔理发费。

救生圈的里面

皮球里是空气，那救生圈里是什么呢？

答案：是人。

任人宰割

一个人在什么情况下才真正处于任人宰割的地步？

答案：在手术台上。

蘑菇的产地

从何处认定蘑菇是长在潮湿的地方？

答案：因为蘑菇长得像伞。

最快的学习法

怎样才能最快成为一个完全讲外语的人？

答案：到外国去讲中文，中文就变成了那个国家的外语。

后裔

语言天才和计算机专家结婚，将来生出来的儿子长大后会成为什么人？

答案：大人。

掉入海的手表

一只普通手表刚掉到大海里，请问它会不会停？

答案：不会停，它会一直沉下去。

不打自招

一个冬天，老李坐大客车回家，车里人都爆满了。老李忍不住放了一个没声的屁，非常臭，乘客们都不知道是谁放的屁。但售票员对乘客们说了一句话，就马上知道了是谁放的屁。那售票员说了什么呢？

答案：售票员说“放屁的人买票了吗”，老李一时冲动，傻傻地说“买了”。

悲喜剧的联系

请你解释悲剧和喜剧有什么联系？

答案：喜剧没有人看，就成了悲剧。

令人生气的歌

音乐能陶冶情操、愉悦心灵，你知道什么歌让人越唱越生气吗？

答案：《长恨歌》。

牧草变黄

秋天了，农夫养的羊因为看见牧草变黄而不吃草怎么办？

答案：给羊戴上墨镜。

“十分漂亮”惹的祸

大军称赞女朋友的新衣服“十分漂亮”，却被女友打了一顿，为什么？

答案：因为满分是100分。

近在咫尺

魏新新是某公司的上层主管，有一次怕赶不上公司的会议，她从车站一直跑到了公司。但不知为什么，她突然站住不动了。目的地会议室就快要到了，她为什么不跑了呢？她的身体没什么毛病，会议也照常进行，没有中止。

答案：因为她进了电梯。在电梯里面当然不能跑，在抵达目的楼层之前，再怎么着急也只有忍着。

喜剧片的反效果

某电影院正上映一部幽默动作喜剧片。奇怪的是，该剧男主角越是搞笑，台下观众越是悲伤落泪，这到底是怎么回事呢？

答案：因为该电影正是为悼念过世的男主角而特别播出的纪念影片。

不再挂蚊帐的公主

美丽的公主结婚以后就不挂蚊帐了，为什么？

答案：因为公主嫁给了青蛙王子。

辞职

从前有一个富翁，雇了一个穷人来给他打扫豪华的宫殿，但他只让他打扫一部分房间。这个穷人为了给新雇主留下好印象，就自作主张打扫了所有的房间，擦拭了每一扇窗户和每一件器物，不久后这个穷人就辞职了，你知道为什么吗？

答案：这是阿拉丁的宫殿，穷人擦拭了神灯，灯神满足他的愿望给了他大量的财富，因此他辞职了。

冰山一角

为什么冰山只有一角？

答案：因为另一只角被豪华客轮泰坦尼克号撞断了。

抬头看天

某天，有个人在大街上一直仰着头站着，大家都以为天空中有什么新奇的东西，于是都跟着抬头往天上看，可是天空中什么也没有，你知道那人为什么仰着头吗？

答案：因为他流鼻血了，仰着头才可以止血。

月亮与字母

满月、半月、残月，打三个字母。

答案：O、D、C。

不去阻止的超人

超人看到有人在银行抢劫，为什么不去阻止？

答案：因为超人找不到电话亭。

北极的怪物

科学家在北极发现一种动物，四只脚，背上两个峰，这是什么动物？

答案：迷路的骆驼。

不看医生

小明的身上和脸上经常出血，却不去看医生，为什么？

答案：被蚊子咬出血了。

不生孩子的美女

为了怕身材走样，结婚后不生孩子的美女怎么称呼？

答案：绝代佳人。

后羿射日

天上有十个太阳，为什么后羿只射下九个？

答案：他不想摸黑回家。

Chapter 3 开讲啦：语言篇

汉字运算

加减乘除少一点是什么字？

答案：坟。

银川

银川，是什么字？

答案：泉。

又大又小

什么字又大又小？

答案：尖。

舌头与汉字

舌头不见了，是什么字？

答案：古。

长安的月

哪个字是长安一片月？

答案：胀。

对立统一

一阴一阳，一短一长，一昼一夜，合为一双。是什么字？

答案：明。

一流水准

哪个字是一流水准？

答案：淮。

拱猪

哪个字拱猪入门？

答案：阂。

头上长草

七人头上长了草是什么字？

答案：花。

不分开

此字不难猜，而且不分开，请问是何字？

答案：面。

二姑娘

哪个字是二姑娘？

答案：姿（次女）。

尽是口

三个口是“品”字，五个口是什么字？

答案：吾。

命中注定

什么字命里注定少一人？

答案：叩。

是一不是一

脑袋是一，腰腹是一，尾巴也是一，其实不是一，这是什么字？

答案：三。

援建西部

重点支援大西北是什么字？

答案：头。

心不残

哪个字身残心不残？

答案：息。

八字头

哪个字是八字头？

答案：学。

一箭穿心

什么字会一箭穿心？

答案：必。

方略

建国方略是什么字？

答案：玉。

守门员

哪个字是守门员？

答案：闪。

半青半紫

什么字半青半紫？

答案：素。

变穷

贪前稍变就成穷，是什么字？

答案：贫。

又来

什么字一来再来？

答案：冉。

烟灰缸

什么字是烟灰缸？

答案：盔。

多一撇

木字多一撇，不把禾字猜，是什么字？

答案：移。

人人都有

无横无竖整十画，世上人人都有它，这是什么字？

答案：爹。

二木

二木不成林，是什么字？

答案：相。

墙里的小孩

三面墙一面空，有个小孩在当中，是什么字？

答案：匹。

分数与汉字

一又七分之一是什么字？

答案：片。

1+1

1＋1不是2、王、11，还能是什么？

答案：丰。

到底是几

读的时候是一，用的时候是二，这是什么字？

答案：乙。

无头牛

什么汉字是没有头的牛？

答案：午。

比嘴大

比四个嘴大一点的东西是什么？

答案：器。

有哭有笑

什么字，刘邦听了哈哈笑，项羽听了泪满襟？

答案：翠（羽卒）。

字母变汉字

什么字母一躺下就变成汉字？

答案：H，躺下变成工字。

横竖一样

什么字横着写、竖着写都是一样？

答案：一，竖过来还是1。

垃圾堆里的字

垃圾堆里都能找到的字，是什么字？

答案：土。

运动会与汉字

个个参加运动会是什么字？

答案：云（运动会三个字里都有云字）。

谁大一点

羊大一点还是狗大一点？

答案：狗大一点，犬（大加一点）。

当官的汉字

哪个字一来就当官？

答案："史"，加一变成"吏"。

"谢谢"后面

如果给你两个字"谢谢"，你能据此说出另一个字吗？

答案：甭（不用）。

加一笔

"只"字加一笔，是什么字？

答案：冲（把"只"字顺时针旋转 90°）。

倒立就变多

什么东西倒立之后会增加一半？

答案：6 倒立后会增加一半。

不好写

哪一个字永远写不好？

答案：坏。

熄火

把火熄灭最快的方法是什么？

答案：在"火"字上加一横成"灭"字。

不知道与知道

怎么才能把不知道变为知道呢？

答案：把"不"字去掉。

玻璃杯里的"木"

玻璃杯不是木头做的，但为什么"杯"字是"木"字旁？

答案："木"字的旁边是"不"字。

先写什么字

小强要写一个"大"字、一个"木"字、一个"天"字，你猜他会先写哪个字？

答案：先写"一"，因为每个字的第一笔都是"一"。

填字

在"不，仁，王，〇，吾"的"〇"位置，应当填写"东，南，

西，北，中”的哪个字？

答案：西，因为前几个字中分别有“一，二，三，五”。

奇特的字

有两个字，顺着念人人爱听，倒着念胆战心惊，是两个什么字？

答案：故、事。

5棵树

五棵树能组成的最大的东西是什么？

答案：森林（五个木）。

飞行员禁食

飞行员从来不吃哪一种食物？

答案：醉鸡（坠机）。

缺斤短两

用两个字解释“不准缺斤短两”。

答案：保重。

特殊图形

五角是什么几何图形？

答案：半圆（半“元”）。

分布广

什么鸡分布最广？

答案：肯德基（鸡）。

嫁女

阎王爷嫁女儿，猜三个字。

答案：鬼才要。

公牛与母牛

一头公牛加一头母牛是哪三个字？

答案：两头牛。

古迹

鑫是哪个名胜古迹？

答案：金字塔。

何时适用

“东张西望”“左顾右盼”“瞻前顾后”这几个成语用在什么时候最合适？

答案：过马路。

碟子与成语

一个碟子摔成九块，是什么成语？

答案：四分五裂。

高兴与成语

高兴死了，可以用什么成语来表示？

答案：含笑九泉。

翻跟头

数字3在路上翻了一个跟头，接着又翻了一个跟头，是什么成语？

答案：三番两次。

人的一生

你能用四个字描述人的一生是个怎样的过程吗？

答案：出生入死。

独眼龙与成语

独眼龙看热闹，可以用什么成语解释？

答案：一目了然。

飞机上的成语

坐飞机解大便是什么成语？

答案：臭气冲天。

鼻子消失

如果所有大象都没有了鼻子，该用什么成语来形容？

答案：万象更新。

米店卖盐

米店里不只买米还卖盐是什么事？

答案：多管闲（咸）事。

躺着舒服

什么成语躺下才舒服？

答案：坐立不安。

太平门与成语

用一个成语解释，喝酒的人从太平门出来，做梦的人从太平门进去。

答案：醉生梦死。

衣服与成语

十五块布做衣服是什么成语？

答案：七拼八凑。

祖孙俩的成语

祖孙俩一起回家，是哪个成语？

答案：返老还童。

岳父与成语

一出门就见到岳父大人是什么成语？

答案：开门见山（岳父又称“泰山大人”）。

读书与成语

什么成语是课外读物？

答案：等闲视之。

四支箭

为什么老师从小就叮咛我们要珍惜四支箭？

答案：光阴似箭（四箭）。

吃油唱歌

吃完油唱歌是哪个成语？

答案：油腔滑调。

谈论诗词

谈论诗词是什么成语？

答案：有言在先（谈论诗词都有言字旁）。

钻胡同

哪个成语会在傍晚的时候钻进死胡同？

答案：日暮途穷。

支票与成语

飞机上扔支票是什么成语？

答案：空头（投）支票。

友好的成语

什么成语让世界人民都成为朋友？

答案：天下无敌。

为何西行

唐三藏西行究竟是为了哪个成语？

答案：一本正经。

利息与成语

利息领了九成是什成语？

答案：一息尚存。

厨房垃圾

哪个成语是厨房里的垃圾？

答案：鸡毛蒜皮。

侦查

空中侦察是什么成语？

答案：高瞻远瞩。

男士之间

哪个成语坐在两位男士中间？

答案：左右为难（男）。

猴子做操

一群猴子做早操是什么成语？

答案：毛手毛脚。

数字与成语

2、4、6、8、10，是什么成语？

答案：无独有偶。

阎王爷写日记

阎王爷的日记里有什么成语？

答案：鬼话连篇。

鲁迅与成语

1881—1981 年鲁迅，是哪个成语？

答案：百年树人。

分数与成语

1/100，可以用什么成语来表达？

答案：百里挑一。

和尚打伞

一个和尚打一把伞，可以用什么成语来形容？

答案：无法（发）无天。

开张

民航机开张，是什么成语？

答案：有机可乘。

细菌与成语

细菌开会是什么成语？

答案：无微不至。

畏惧

哥哥怕弟弟是什么成语？

答案：后生可畏。

打电话

马路上打电话是什么成语？

答案：道听途说。

色彩与成语

赤橙绿蓝紫，是什么成语？

答案：青黄不接。

面粉被盗

妈妈新买的两包面粉都被偷了，是什么成语？

答案：面面俱到（盗）。

冰像铝箔

这冰看起来就好像是张铝箔，是什么成语？

答案：如履薄冰（如铝箔冰）。

身着金衣

哪个成语是身穿着金色衣服的人？

答案：一鸣惊人（一名金人）。

图书馆与成语

小马的爸爸在市立图书馆，是什么成语？

答案：老马识途（老马市图）。

乌龟出名

一只乌龟，因背着十字架而出了名，是什么成语？

答案：实至名归（十字名龟）。

没有损坏

什么成语是没有被损坏的飞机？

答案：可趁（乘）之机。

狗过桥

狗过了独木桥就不叫了，是什么成语？

答案：过目不忘（过木不汪）。

必须正品

生产必须出正品，是什么成语？

答案：不敢造次。

考试之前

马上就要进行期末考试了，千万不能看什么书？

答案：百科全书（百科全输）。

尧的弟弟

尧的妈妈又生了一个儿子，取名叫“事”，是哪个成语？

答案：造谣（尧）生事。

上菜与成语

服务员上菜是什么成语？

答案：和盘托出。

最小的邮筒

请用一成语形容世界上最小的邮筒。

答案：难以置信。

最小针

哪个成语是世界上最小的针？

答案：无孔不入。

钢琴与成语

什么成语是搬建中的钢琴？

答案：一见钟情（移建中琴）。

八戒做媒

猪八戒做媒人次次成功，是什么成语？

答案：珠联璧合（猪连必合）。

唐僧的书

什么成语是唐僧的书？

答案：一本正（真）经。

孔子的徒弟

孔子有三位徒弟子贡、子路、子游，请问哪一位不是人？

答案：子路，因为指鹿为马（子路为马）。

不爱整理

不喜欢整理房间的伟人叫什么？

答案：乱世（室）英雄。

稿费昂贵

最昂贵的稿费，是什么成语？

答案：一字千金。

多次离婚

一个离过很多次婚的女人，可以用什么成语形容？

答案：前功尽弃（前“公”尽弃）。

真相哥哥

小白长得很像他的哥哥，是什么成语？

答案：真相大白。

嫁出一女

七仙女嫁出去一个，是什么成语？

答案：六神无主。

射击

对空射击是什么成语？

答案：热火朝天。

喝稀饭

老太太喝稀饭，是什么成语？

答案：无耻（齿）下流。

鸭子开会

一群鸭子开会，是什么成语？

答案：无稽（鸡）之谈。

蹲错

一只羊蹲错了羊圈，是什么成语？

答案：抑扬顿挫（一羊蹲错）。

骑兵取胜

骑兵打胜仗是怎样成功的？

答案：马到成功。

黄鼠狼觅食

狡猾的黄鼠狼是怎样觅食的？

答案：见机（鸡）行事。

无比繁忙

为什么说飞机场比任何人都要繁忙？

答案：因为它“日理万机”。

最大的被子

世界上最大的被子有多大？

答案：铺天盖地。

添饭

吃饱饭了谁会帮你添饭？

答案：飞龙，因为飞龙在天（添）。

母亲的姓氏

张飞的母亲姓什么？

答案：吴，因为无事生非（吴氏生飞）。

人心的颜色

人的心是什么颜色？

答案：黄色，因为人心惶惶（黄黄）。

结婚照

为什么结婚的人都要拍结婚照？

答案：因为一拍即合。

被人袭击

某明星被人用鸡蛋袭击，为什么没有哭闹？

答案：因为天有不测风云，人有旦夕祸福（蛋袭获福）。

汉子不出门

为什么汉子不出门？

答案：因为出了门就是“门外汉”了。

跳崖之谜

杨过为何要跳崖？

答案：父是康（富士康）。

铅笔的姓

如果铅笔有姓氏的话，最有可能姓什么？

答案：姓萧，因为削（萧）铅笔。

中间地带

真与假的中间是什么？

答案：是“与”字。

生与死之间是什么？

答案：不死不活。

中国美国的中间是什么？

答案：国美。

交通工具

神的交通工具是什么？

答案：宝贝，因为神奇（神骑）宝贝。

冶金与小说

冶金学是哪本小说的名字？

答案：《钢铁是怎样炼成的》。

想喝汽水

你在什么时候最想喝汽水？

答案：孤单的时候，因为“孤单的时候你会想起谁（汽水）”。

猜歌词

树有心眼，西下美女，手扶下巴，人在尔旁，心死相依，言及自己，十件家具，白色勺子，儿女双全，又住一起，这是哪句歌词？

答案：想要把你忘记真的好难。

凌晨的任务

晚上12点整要做什么事情？

答案：抱佛脚，因为临（零）时抱佛脚。

怕什么

布跟纸怕什么？

答案：布怕一万，纸怕万一（不怕一万，只怕万一）。

没有午餐

什么人没有午餐吃？

答案：白痴，因为天下没有白吃（白痴）的午餐。

最辛苦

叫什么名字的人最辛苦？

答案：莉莉。因为粒粒（莉莉）皆辛苦。

沉没的人物

哪个历史人物游泳必定会沉下去？

答案：阿斗，因为扶（浮）不起的阿斗。

温度高

为什么梨子是温度最高的水果？

答案：离子（梨子）烫。

照相

牵着羊进照相馆的人想干什么？

答案：出洋（羊）相。

明月的故事

明月生于何处？

答案：海上，因为海上生明月。

是谁生了明月？

答案：青天，因为明月几时有，把酒问青天。

青天活了多久？

答案：至少千百年，因为问一问青天，爱恨千百年。

明月是否被限制过人身自由？

答案：有，因为秦时明月汉时关。

明月在此期间寄送了什么物品？

答案：相思，因为明月千里寄相思。

明月在此期间收到了什么物品？

答案：愁心，因为我寄愁心与明月。

倩倩生气了

倩倩问爸爸一个问题，爸爸很烦，倩倩生气地打破了砂锅，为什么？

答案：因为只有打破砂锅才能问到底。

相同之处

我和你有什么相同的地方？

答案：都是人称代词。

看不到半个人

小陈周末去看电影，到了电影院，却看不到半个人，为什么？

答案：因为人都是“一个一个”的，没有“半个”。

漂白手术

迈克尔·杰克逊为什么要去做漂白手术？

答案：因为他怕遭到“不白之冤”。

女强人

阿美的事业并没有什么成就，为什么也有女强人的外号？

答案：因为她常常“强”人所难。

送家具

一家房地产公司为了吸引顾客，打出“买房子，送家具”的广告，有人买了一套房子却没有得到家具，这是为什么？

答案：广告的原意是顾客买了房子，公司可以帮忙搬家。

数一数二

小美刚上幼儿园，从来没有学过数学，但老师说她的数学是数一数二的。这是为什么？

答案：因为她只会从 1 数到 2。

没车

一天，有两人在马路上走着，一人说“你看前面有辆车”，另一个人却说“没车”。为什么？

答案：因为那是一辆煤车。

只戴一只手套

某歌星每次上台演出，总是戴着一只手套，这是为什么？

答案：因为他总想露一手。

提心吊胆

一天，乐乐出门了，他没做什么坏事，为什么还是提心吊胆的？

答案：因为妈妈让他去买猪内脏。

言而无信

为什么现代人越来越言而无信？

答案：因为现在都用电话了。

男人怀孕

一个男人身体不适去医院体检，诊断结果居然是怀孕了，你说为什么？

答案：因为他“心怀鬼胎”。

喝酒划拳

男人在一起喝酒，为什么非划拳不可？

答案：因为“敬酒不吃吃罚酒”。

人算与天算

现代人为什么越来越不相信“人算不如天算”？

答案：因为大家都相信“人算不如计算机算”。

拒绝造句

为什么小明拒绝用“一边……一边……”这个词来造句？

答案：因为老师说“一心不能二用”。

冰凉

人死后为什么变得冰凉？

答案：因为心静自然凉。

医生与推销员

一个医生和一个推销员同时爱上了一个姑娘，推销员得出差一个星期，因此他送给姑娘七个苹果。为什么？

答案：因为“一天一苹果，医生远离我”。

教官不信

仪容检查时，明明有理发，为什么教官不信？

答案：因为秀才遇到兵，“有理”说不清。

Chapter 4 极限挑战：运动篇

不变的姿势

小王跑步为什么总是保持一个姿势不变？

答案：因为他在照片中。

景物未变

有人骑自行车骑了很久，但周围的景物始终没有变化，为什么？

答案：因为他骑的是健身车。

不会流汗

小毛喜欢运动，有一天他在38℃的高温下做很激烈的运动，为什么不会流汗？

答案：因为他在水里运动。

只抬一只

为什么人们练太极拳时常常要抬起一只脚？

答案：因为抬起两只脚就站不住了。

冬天的成绩最好

为什么游泳比赛冬天的成绩总是比夏天好？

答案：因为天气冷，大家都急着上岸。

上升与下降

有一种东西，上升的时候会下降，下降的同时会上升，这是什么？

答案：跷跷板。

越转越稳

什么东西会越转越稳？

答案：陀螺。

斤斤计较

奥运会比赛项目中什么比赛一定要斤斤计较？

答案：举重比赛。

有用的漏洞

什么篮子明明是漏的，却很有用？

答案：篮球的球篮。

丢人之事

世界上有哪三件事是丢人的？

答案：柔道，摔跤，跳伞。

不穿军服

军队一向纪律严明，可你知道什么军不用穿军服吗？

答案：冠军，亚军，季军。

两头一腰

什么东西有两个头一个腰？

答案：哑铃。

优秀运动员

是哪两样东西使阿明成为优秀的短跑运动员？

答案：阿明的左腿和右腿。

不沾灰尘

除了隐形眼镜，什么眼镜戴上后不容易沾上灰尘？

答案：游泳眼镜。

向后跑

哪项比赛是往后跑的？

答案：拔河。

下快上慢

什么梯在我们下去的时候比上的时候快很多？

答案：滑梯。

只看天

放什么东西看天不看地？

答案：放风筝。

不伤人

什么刀不伤人，一不小心会自己遭殃？

答案：溜冰鞋底的冰刀。

谁是胜者

小李 100 米跑 10 秒，小马跑 11 秒，为什么最后得到金牌的是小马？

答案：小李没参加比赛。

无人敬佩的冠军

大明得了乒乓球冠军，又得了射击冠军，可是为什么没有人佩服他呢？

答案：他和射击冠军比赛乒乓球，和乒乓球冠军比赛射击。

无敌发球

在打排球时，一个姑娘发了一个球，场上的任何高手谁都接不住，为什么？

答案：球没发出去或出界了。

百发百中

阿牛第一次练习射击，却每次都能打中 10 环，为什么？

答案：因为他离靶子只有 1 米远。

高空坠落

一个跳伞运动员从 1000 米高空跳下，为什么半天也不见他呢？

答案：因为他掉海里了。

被开除的队员

足球队里一个进球最多的队员被开除了，为什么？

答案：他是守门员，让对方球员进球了。

深水探险

明明不会游泳，为什么还敢独自到深水中去？

答案：他是乘潜水艇去的。

打网球

一个棉花糖去打网球，刚打了几下就不想打了，为什么？

答案：因为浑身都是软的。

最喜欢的篮球鞋

阿吉是个乔丹迷，拥有乔丹第一代到第十二代的篮球鞋，你知道他最喜欢哪一双吗？

答案：下一双。

以少胜多

什么体育比赛项目取得的成绩越低越能取胜？

答案：赛跑。时间越短，成绩越好。

最难的跳水动作

跳水运动员的动作难度一般都很大，比如转体三周。但下面这个动作无论如何都完成不了，你猜是什么？

答案：转体三周，前空翻一个月。

Chapter 5 全员加速中：职业篇

拖泥带水

阿勇做事总是拖泥带水，但领导总是表扬他，为什么？

答案：因为阿勇是泥水匠。

有名的拳手

老张是出了名的拳手，为什么一戴上拳击手套反而让对手三下两下打下台去了？

答案：因为他是划酒拳的高手。

没有司机的计程车

小胖在从图书馆回家的计程车上睡着了。突然他一觉醒来，发现前座的司机先生不见了，而车子却仍然在往前进，为什么？

答案：车子抛锚了，司机正在后面推车。

仿冒大王

小莫是个出了名的仿冒名牌大王，为什么他能逍遥法外而又名利双收呢？

答案：因为他是专门模仿名人动作和声音的艺人。

不能"中分"的头发

陆先生刚理发完，便要求理发师将他的头发"中分"。理发师说做不到，为什么？

答案：因为他的头发根数是奇数。

跳飞机

一个飞行员从飞机上跳下来，没有打开降落伞，却没有受伤，这是怎么回事？

答案：因为飞机还没有起飞。

跳水运动员

甜甜是个10米板跳水运动员，可是有一次她站在3米跳板上，却不敢往下跳，这是为什么？

答案：因为游泳池里没水。

不用生发水

百货公司里，有个秃头的推销员，正在促销生发水，你知道为什么他自己不用生发水吗？

答案：他是想让大家知道秃头有多么难看。

兜里的手

阿强经常把手伸向别人兜里，别人却不讨厌他，为什么？

答案：他是海关检查员。

一个洞

患者张开嘴巴之后，牙医吓了一跳说："哇！你的牙齿蛀了好大一个洞！一个洞！"请问他为什么要说两遍呢？

答案：第二声是回音。

理发店

老王的头发已经掉光了，但为什么他还是老去理发店？

答案：因为老王是理发师。

没有生意

小王开着空计程车出门，为什么一路上都没有人向他招手乘车？

答案：因为他走的是高速公路。

无法前进

司机发动了汽车，车轮也动了，汽车却没有前进，为什么？

答案：因为司机在倒车。

拔腿就跑

一名警察见了小偷拔腿就跑，为什么？

答案：因为他想快点抓住小偷。

百元假钞

小丽收到了一张100元的假钞，却非常高兴，为什么？

答案：因为她是负责查假钞的警察。

看医生

青青没有病也经常去看医生，为什么？

答案：她经常去看当医生的男朋友。

睁一只眼闭一只眼

王军是一名优秀的士兵。一天，他在站岗值勤时，看到有敌人悄悄向他摸过来，为什么他却睁一只眼闭一只眼呢？

答案：因为他正在用枪瞄准。

受伤的卡车司机

一位卡车司机撞倒了一个骑摩托车的人，结果卡车司机受重伤，而骑摩托车的人没事。这是为什么？

答案：是卡车司机而不是卡车撞倒了骑摩托车的人，结果当然是卡车司机受重伤了。

不能数数

有一位失眠者对医生说："我晚上睡不着觉，怎么办？"医生对他说："你从一数到一百，一直这样数下去，就能睡着。"可失眠者说："这是绝对不行的。"为什么？

答案：因为失眠者是拳击运动员，数到8一定要起来。

排位

上尉为何在训练新兵时让高大的站在前面，矮小的站在后面？

答案：因为上尉入伍前是摆水果摊的。

写不出小说

老陈是一位出色的小说家，为什么有一次他连续写了一个月，却连一篇小说的题目都没写出来？

答案：因为这一个月他写的是散文。

第一次

一位准备接受手术的患者对医生说："这是我第一次做手术，很紧张！"为什么医生表示特别理解他？

答案：因为这位医生也是第一次做手术。

老张的兴趣

老张平时不爱穿戴，但他对各式各样的衣服十分感兴趣，为什么？

答案：因为他是服装厂老板。

靠女人吃饭

老张靠女人吃饭还扬扬得意受人尊重，为什么？

答案：因为他是妇产科医生。

士兵的名字

教官对一列新兵训话道："你们知不知道人人都叫我'老虎'？如果你们敢不认真训练，你们就会知道'老虎'的厉害。"然后他让每个士兵报上名来，却有一名士兵不敢告诉教官他的名字，你猜为什么？

答案：这名士兵名叫"武松"。

清闲的搬运工

于太太整天聊八卦，一点儿重活也不干，为什么人们还叫她"搬运工"？

答案：因为她整天搬弄是非。

哪天下的蛋

农夫每天都给母鸡刚下的蛋写上日子，但没过几天他又弄不清楚哪只蛋是哪天下的了，为什么？

答案：因为他在蛋上写的是"今天"。

胆小的士兵

战场上，一个士兵远远看见敌人冲上来了，为什么不开枪？

答案：因为他是炮兵。

画像

一个人请人画十二生肖像，最后只剩下蛇没画，画师怎么也不肯画了，为什么？

答案：因为他怕画蛇添足。

顽强的战士

阿强在经历了一场激烈的枪战过后，身中数弹，鲜血满身，然而他仍能精神百倍地回家吃饭，为什么？

答案：因为阿强在拍电影。

收银员

什么动物是收银员？

答案：老鼠（数）。

交叉道

小李当了很多年的司机了，但他开车遇见交叉道还总是忘记停车，为什么？

答案：因为他原来是火车司机。

刺人无罪

张先生天天拿着针到处刺人，为什么没有人责怪他？

答案：因为他是针灸师。

不能看的书

什么书只能听不能看？

答案：评书。

上班路上

小王总是急急忙忙地在上班的路上，请问他的工作是什么？

答案：开出租车。

靠细菌为生

细菌靠其他生物存活，那么什么靠细菌存活？

答案：医生。

最“老”的职业

做什么工作的人刚入行就会被人说老？

答案：老师。

肆无忌惮

什么人敢在皇帝的头上胡作非为？

答案：理发师。

找大夫

丽丽并没有生病，但要天天去找大夫，这是为什么？

答案：她是护士。

独自最大的人

世界上谁的肚子最大？

答案：宰相。因为宰相肚里能撑船。

出入商店

很多女人都是购物狂，你知道最爱出入商店的女人是谁吗？

答案：售货员。

串门

整天爱东家串串、西家走走的人是谁？

答案：邮递员。

有船不坐

虽然有船，但是坚持步行回家的是什么人？

答案：纤夫。

谁最头疼

喜欢穿奇装异服的学生让谁最头痛？

答案：裁缝。

百兽之王

一个地方有狮子、老虎、狼、猎豹等上百种凶猛的动物，那么百兽之王是谁？

答案：动物园园长。

职责

有个人不是官，却负责全公司职工干部上上下下的工作，这个人是干什么的？

答案：开电梯的。

放纵的父母

什么人整天跟坏人在一起，他的父母却不管？

答案：狱警。

受气包

什么人经常受气？

答案：饭店里蒸包子的师傅。

坐飞机上班

小张每天都坐飞机上班，你知道他（她）是谁吗？

答案：他是航空公司的飞行员。/她是空姐。

写白字

什么人经常写白字？

答案：教师。因为教师常用粉笔写白色字。

给人颜色

什么人专门给别人颜色看？

答案：画家。

多多关照

什么人忌讳“多多关照”这句客套话？

答案：照相馆老板。

迅速成名

什么人是一举成名的？

答案：举重冠军。

看人说话

什么人是见什么人说什么话？

答案：翻译。

重复说话

什么人最爱重复别人说的话，却没有人讨厌？

答案：翻译。

想不开

什么人想不开？

答案：要辞职的司机。

沉着应战

什么人无论在什么紧急情况下都能够沉着应战？

答案：潜水艇里的海军。

让谁开心

“喜剧之王”卓别林的电影让什么人最开心？

答案：他的制片老板。

一鸣惊人

什么人口才不好却可以一鸣惊人？

答案：射击运动员。

凭运气

什么人每天靠运气赚钱？

答案：运煤气的工人。

爱干净

什么鼠最爱干净？

答案：环保署。

不占地方

哪一种人占用地球的表面积最小？

答案：芭蕾舞演员（总是踮起脚尖）。

看不到的嘴

看舞台上的大合唱时，你看不到谁的嘴？

答案：指挥者。

背水一战

什么人最爱背水一战？

答案：仰泳运动员。

能屈能伸

什么人最能屈能伸？

答案：舞蹈家。

擅闯民宅

除了贼，什么人未经主人允许就爬进别人家里？

答案：消防员。

东张西望

什么人工作时最爱东张西望？

答案：交通警察。

看而不懂

什么人整天看书，却不是懂得最多的人？

答案：书店的售货员。

弄虚作假的人

什么人最擅长弄虚作假还受到别人的赞赏？

答案：魔术师。

好斗之人

天天和人打架的人是谁？

答案：拳击手。

谁最厉害

连续剧西游记中，谁最厉害又聪明？

答案：编剧。

添油加醋

谁最喜欢添油加醋？

答案：厨师。

不治之症

当医生说你的病没有希望时，你该怎么办？

答案：换一位医生看。

暗自高兴

在拳击赛上，一选手眼看就要胜利了，却冷不防被对手一拳击中，导致口角流血，牙齿掉了两颗，在一片叹息声中，有谁从心底感到高兴呢？

答案：牙科医生。

基本情况

你能谈谈关于18世纪世界上最伟大的作家们最基本的情况吗？

答案：他们都死了。

电工师傅的技艺

小孟是个很好的电工师傅，可他今天修好电路后灯却不亮，这是为什么？

答案：因为今天停电。

美容职业

小赵从事美容工作已经很多年了，为什么连个眼影都画不好？

答案：她在做汽车美容。

刮不完的胡子

老王每天都要刮很多遍脸，但脸上还是有胡子，为什么？

答案：老王的职业是给别人刮胡子。

为何奖赏

小美干活总是拖拖拉拉，为什么经理还要给她发奖金？

答案：她是清洁工。

Chapter 6　暴走大事件：地理篇

西京

为什么这个世界上有东京、南京、北京但无西京？

答案：因为西经（京）被唐三藏取走了。

到不了目的地

阿呆开车去动物园玩，动物园很近，他的路并没有走错，为何却总到不了目的地？

答案：因为他已经开过了。

跨不过去的线

张三在地上画了一条线，为什么李四却跨不过去？

答案：因为那条线画在墙边。

始终面北

小戴是位科学家，历尽千辛万苦终于来到一个地方，他面北而立，向左转了 90°，却还是向北，再转 90° 依然面北，又转 90° 还是面北，你知道是什么原因吗？

答案：小戴在北极。

手机用户

手机用户最喜欢去哪儿？

答案：通化，您拨打的用户正在通话（通化）中……

兵强马壮

中国哪个城市兵强马壮？

答案：武昌。

拥抱的城市

两个胖子拥抱是中国的哪座城市？

答案：合肥。

知与不知

哪个城市天知地知你知我不知？

答案：三明。

不批发

世界上哪个国家的商品只零售、不批发？

答案：丹麦（单卖）。

坏龙头

哪个城市的水龙头坏了？

答案：南宁（难拧）。

北极的树

有一棵三角形的树被送到北极去种，请问长大后，那棵树叫什么名字？

答案：三角函数（寒树）。

斗牛

非洲的什么地方爱看斗牛？

答案：好望角。

绿洲城市

哪个城市是海中绿洲。

答案：青岛。

水陆各半

拉丁美洲的哪个国家是水陆各半？

答案：海地。

判决

三名犯人正在接受法官的宣判，法官说站在左边和右边的两个人无罪，这是在中国的什么地方？

答案：关中。

哥哥去哪儿了

甲问乙："你哥哥去哪里了？"乙把手里的一碗粥往前一泼，算作回答，你知道他哥哥到底去了哪里吗？

答案：非洲（飞粥）。

拆信

中国哪个城市的人总是在拆信？

答案：开封。

江淮河汉

中国哪个城市有江淮河汉？

答案：四川（四条河）。

婚姻与城市

第九次结婚，是国外哪个城市？

答案：巴黎（八离）。

阴险的河

世界上哪一条河最阴险？

答案：莱茵（来阴）河。

唯利是图

世界上哪个国家一心只想赚大钱？

答案：意大利。

初晴

久雨初晴是哪个城市？

答案：贵阳（阳光很珍贵）。

男人与城市

带枪的男人，是哪个城市？

答案：武汉（武装起来的汉子）。

吃素

哪个城市的人爱吃草？

答案：四川绵阳（绵羊）人。

需要粮食

世界上哪个国家最需要粮食？

答案：埃及（挨饥）。

珍珠港

哪个城市是珍珠港？

答案：珠海。

马儿的恐惧

马最不喜欢去的地方是哪里？

答案：马尔代夫的首都马累。

交通堵塞

中国哪个城市交通最堵塞？

答案：南通（难通）。

化雪

哪个城市的雪都变成水了？

答案：通化。

巨大的秤

一杆大秤称群峰是哪个旅游胜地？

答案：衡山。

娶媳妇过年

什么地方又娶媳妇又过年？

答案：重庆。

满河芬芳

哪条河流满河芬芳？

答案：香江。

棒棒糖

棒棒糖变小了，是哪个国家？

答案：韩国（含过）。

最高的组合

哪几种动物组合在一起最高？

答案：猪、母狼、马蜂（珠穆朗玛峰）。

男的多

中国哪个城市男人最多？

答案：济南（挤男）。

胃病

哪个城市胃痛胃酸胃溃疡？

答案：吐鲁番（吐噜翻）。

热稀饭

哪个城市在电饭煲里热稀饭？

答案：温州（粥）。

乘船旅日

划着小船去日本，是哪个城市？

答案：上海。

水上人家

哪个城市是水上人家？

答案：沪。

齐欢乐

哪个城市大家齐欢乐？

答案：齐齐哈尔。

人最多

哪个连的人最多？

答案：大连。

哪家人最多？

答案：国家。

哪个寨的人最多？

答案：柬埔寨。

人最多的海

很多人都喜欢去海边度假，你知道中国的什么海去过的人最多吗？

答案：上海。

盖章进入

有一个地方盖了章才过得去，是什么地方？

答案：印度。

远离北边

什么国家，你越走离北越远？

答案：越南。

神秘的山

从前，有一座山上遍地是金，请问是什么山？

答案：旧金山。

无法过河

什么样的河人们永远过不去？

答案：银河。

只可远观

什么线只能远看，一走近了就不见了？

答案：地平线。

汽车禁行

什么城只能走人不能走汽车？

答案：万里长城。

不可成衣

有一种布很宽也很好看，但是没有人用它来做衣服，这是什么布？

答案：瀑布。

没有生命的地球

没有人类及动物居住的地球是什么？

答案：地球仪。

没脚能走

什么东西没有脚却能走，没有眼睛却能流泪？

答案：云。

不知上下

在什么地方人们找不到上下？

答案：太空。

天地倒置

什么情况下天空比地面还要低？

答案：当天空倒映在水中时。

地球的形状

小聪问哥哥，地球为什么是圆的，你猜哥哥是怎么说的？

答案：不是圆的又怎么会转呢。

最大的月亮

什么时候看到的月亮最大？

答案：登上月球的时候。

看见星星

什么时候能看到最多的星星？

答案：头被撞晕了的时候。

哑巴

星星、月亮、太阳，哪一个是哑巴？

答案：星星，因为《鲁冰花》歌中有一句“天上的星星不说话”。

照不到太阳

地球上哪一部分绝对照不到太阳？

答案：任何地方都照不到太阳，因为地球不发光。

出生地

大部分人出生在什么地方？

答案：产床上。

月亮更近

小美说月亮和美国比，月亮距离我们更近，你知道她的理由是什么吗？

答案：因为我们能看到月亮，却看不到美国。

月亮大

什么时候月亮比太阳大？

答案：写“明”字的时候。

地球在动

一个人，他感觉地球在动，为什么？

答案：因为他喝醉了。

西边出来的太阳

什么时候太阳会从西边出来？

答案：发誓的时候。

能否看见

两人一个面朝南，一个面朝北，他们不回头，不走动，不照镜子，能否看到对方？

答案：能，因为他们面对面。

谁大

天比较大，还是月比较大？

答案："月"比较大，因为"三十天"才有"一"个月。

不发光的月亮

月亮什么时候不发光？

答案：月亮永远都不会发光，它只能反射太阳光！

进去和出来

小秦昨天开车经过广州珠江隧道，该隧道的南边是黄沙区，北边是芳村区，你猜猜他是从哪里进去和从哪里出来的？

答案：从入口处进去，从出口处出来。

星星的个数

谁知道天上有多少颗星星？

答案：天知道。

鸡毛的来源

从长江上游漂来一根鸡毛，它来自哪里？

答案：一只鸡身上。

区别

江河湖海有哪些地方不同？

答案：除了偏旁，它们的右边字不同。

南来北往

南来北往的两个人，一个人挑担，一个人背包，他们没争也没吵，也没人让路，却顺利地通过了独木桥，这是怎么回事？

答案：南来北往实际上是一个方向，一个跟在另一个后头就行。

谁是男的

太阳、星星、月亮中谁是男的？为什么？

答案：太阳，因为是太阳公公。

如何澄清

如果受到冤枉跳到黄河也洗不清，该怎么澄清自己？

答案：黄河太浑了，应该跳到澄清的湖里。

Chapter 7　时间都去哪儿了：时间篇

予以重视

有一个东西，当它行动缓慢的时候从不被人重视，只有当它行动迅速的时候人们才会想起它，这是什么？

答案：时间。

只进不退

什么东西只能往前走，不能往后退？

答案：时间。

受欢迎的光

除了阳光，什么光人们最喜欢拥有？

答案：时光。

不亮的光

什么光无论在什么物理条件下都完全没有亮度？

答案：时光。

时间杀手

人生命中的每一秒钟都十分宝贵，可是有一样东西几乎占用了人一生 1/3 的时间，这是什么？

答案：床，人的一生大约有 1/3 的时间是在床上度过的。

尚未到达

通常从纽约到芝加哥坐火车只要 8 小时，可是这列火车离开纽约已经超过 10 小时了，为什么现在还没有到呢？

答案：因为这列火车不是开往芝加哥的。

不会相撞

早上 8 点整，北上、南下两列火车都准时通过同一条单线铁轨，为什么没有相撞呢？

答案：因为不是同一天。

比分

足球赛刚刚开始，大家就知道了比分，这是为什么？

答案：因为开始时比分为 0 ： 0。

时针与秒针

为什么时钟上的秒针比分针细？

答案：因为秒针总是跑得比分针又多又快，所以瘦了。

72小时

曼谷市正处于雨季。某天半夜 12 点钟，下了一场大雨。问：过 72 小时，当地会不会出太阳？

答案：72 小时以后还是半夜 12 点，不会出太阳。

时间宝贵

如果 15 分钟＝1000 元，可以用什么成语解释？

答案：一刻千金。

天黑两次

天黑一次亮一次就是一天，可是有一次天黑了两次仍然只过了一天，你知道是什么原因吗？

答案：碰上日全食了。

晴天没太阳

阴天的时候太阳被云彩遮住了，那么大晴天为什么也没有太阳？

答案：因为是晚上。

季节性

为什么夏天才有台风？

答案：因为它要冬眠。

称帝的节日

忽必烈称帝，是哪个传统节日？

答案：元旦。

春秋

什么字是半部春秋？

答案：秦。

放手

什么季节，揪不住，只能放手？

答案：秋。

最大的贡献

连续剧中间插播的广告对人类最大的贡献是什么？

答案：让人们明白了准时的好处。

越慢越害怕

汽车如果开得太快容易引发交通事故，你知道什么交通工具速度越慢反而越让人感觉恐惧吗？

答案：在空中飞行的飞机。

无人经历

哪个日子人们经常提起它，可是没有人真正经历过？

答案：明天。

来之不尽

什么东西来之不尽？

答案：明天。

只升不降

什么东西天天往上升，永远也掉不下来？

答案：年龄。

共同行动

除了呼吸，所有的人在每一天都同时做一件什么事情？

答案：变老。

无法知道

什么事是人们最想知道，而又无法知道的？

答案：将来的事。

日夜兼行

什么东西没有脚却能日夜兼行？

答案：钟表。

永不停歇

什么东西整天走个不停？

答案：钟表的针。

化雪之后

雪融化以后是什么？

答案：春天。

省力的妙方

今天做事最省力的办法是什么？

答案：推到明天。

时速200

天天曾多次用身体碰触时速 200 公里的火车，却丝毫未损，这是怎么回事？

答案：他在火车的车厢里。

差别

8 点钟和 9 点钟有什么不一样？

答案：差 1 个小时。

日子

2 月 1 日是丹丹的生日，那你知道 3 月 1 日是什么日子吗？

答案：丹丹满月。

2 月 1 日也是佳佳的生日，那你知道 4 月 1 日是什么日子吗？

答案：是愚人节。

清华大学

至少要多少时间才能读完清华大学？

答案：读完“清华大学”，只要 1 秒钟。

睡觉最长的时候

一个人一年中哪一天睡觉时间最长？

答案：一年中的最后一天，因为他跨越到第二年。

完全重合

一天里，时针和秒针有多少次完全重合？

答案：不可能完全重合，时针和秒针的长短不一样。

不眨眼

小枫是一个普通人，可是她为什么能连续 10 个小时不眨眼呢？

答案：因为她在睡觉。

一样快

怎样能让汽车和火车跑得一样快？

答案：把汽车放在火车上。

太快的汽车

什么汽车人们老是觉得开得太快？

答案：刚好没赶上的汽车。

迟到的原因

大人上班迟到的原因是塞车，小孩上学迟到的原因是什么？

答案：大人睡过了头。

钟最快的时候

什么时候钟表走得最快？

答案：调时间时。

早上的第一件事

早晨醒来，每个人都会做的第一件事是什么？

答案：睁眼。

先天与后天

“先天”是指父母的遗传，那“后天”是什么？

答案：明天过后的那天就是后天。

看到人心的方法

用什么办法可以看到人心？

答案：时间，因为日久见人心。

时间停止

时钟什么时候不会走？

答案：时钟本来就不会走，所以什么时候它都不走。

敲13下的时钟

时钟敲了5下，该吃饭了；时钟敲了9下，该睡觉了；时钟敲13下时该做什么？

答案：修理时钟。

漫长的暑假

夏季有三个月，冬季也有三个月，为什么暑假却要比寒假长？

答案：因为热胀冷缩呀！

3秒钟写歌

为什么词曲作家只花了3秒钟，就写了一首歌？

答案：因为他只写了 3 个字——一首歌。

时间之谜

有一个年轻人，他要过一条河去办事，但是，这条河没有船也没有桥。于是他便在上午游泳过河，只 1 个小时的时间他便游到了对岸。当天下午，河水的宽度以及流速都没有变，他的游泳速度也没有变，可是他竟用了两个半小时才游到河对岸，为什么？

答案：两个“半小时”加起来当然还是 1 个小时。

祝寿词

有位老人过生日，有人祝他长命百岁，为什么老人马上把他赶出去了？

答案：因为老人这次过的是 99 岁生日。

上次和下次

上次灿灿过生日是 8 岁，下次他过生日是 10 岁，这是怎么回事？

答案：有上次，有下次，那么这次呢？这次灿灿过 9 岁生日。

时间不等

晶晶乘电梯上 14 楼，中间没有停，用了 1 分钟；下楼时中间也没有停，却用了 5 分钟。这是怎么回事？

答案：因为晶晶上楼时乘电梯，下楼时走的楼梯。

消失的两天

星期一过去是星期二，星期二过去是星期三，星期三过去却是星期六，这究竟是怎么回事？

答案：因为多撕了两张日历。

少说话

张大妈整天说个不停，可是有一个月她说话最少，这个月她并没有生病，这是为什么？

答案：那是二月，因为二月只有 28 天。

生日宴

小芬对小芳说：“后天的大前天的后天，也就是昨天的昨天的大后天是我的生日，请来参加我的生日会。”小芳应该什么时候赴约呢？

答案：是明天赴宴。

Chapter 9 拜托了，冰箱：饮食篇

不打招呼

一天，一块三分熟的牛排在街上走着，突然，它在前方看到一块五分熟的牛排，却没有理会。它们为什么没打招呼？

答案：因为它们不熟。

四瓶可口可乐

戴维一家五口外出旅游，说好一人带一瓶饮料，可是戴维坚持只带4瓶可口可乐，为什么？

答案：另外一瓶是其他饮料。

食量

今天我吃了3头猪、3头牛、5头羊、7条大鱼，可是为什么不一会儿肚子又饿了？

答案：因为我吃的是动物饼干。

不见牛肉

芳芳吃牛肉面，为何不见任何牛肉？

答案：因为她吃的是牛肉方便面。

菠菜

大力水手吃了一罐菠菜，为什么没有变成大力士？

答案：因为他拿的是婴儿食品。

不吐葡萄皮

为什么小桑吃葡萄不吐葡萄皮？

答案：因为她吃的是葡萄干。

头撞豆腐

为什么人要拿头撞豆腐？

答案：因为豆腐不会撞头。

不愿长大

为什么石榴不愿意成熟？

答案：因为成熟了就会皮开肉绽。

老鼠和马

一天，老鼠带着骄傲的神情对马说："昨天晚上我和隔壁的猫约会了。"打一种食品。

答案：薯片（鼠骗）。

马不相信，揪着老鼠的衣领把它拎了起来。打一种食物。

答案：马铃薯（马拎鼠）。

大学与蔬菜

清华大学与交通大学，打一蔬菜。

答案：青椒（清交）。

数字水果

4＋4＋4＋4，是哪种水果？

答案：石榴（十六）。

刮胡子

什么食品会刮胡子？

答案：刀削面。

多情的水果

走来走去却总不愿意离开的是什么水果？

答案：榴梿（流连）。

美好开端

哪个字是美好的开端？

答案：姜。

没吃羊

根据以下情节，猜三种海产品的名字。

一只羊在吃草，这时一只狼从旁边经过却没有吃羊。又有一只狼经过还是没有吃羊。第三只狼经过，羊冲着狼大叫，但狼还是没有吃羊。

答案：虾（瞎）、对虾（对瞎）、龙虾（聋瞎）。

视力差

哪种水果的视力最差？

答案：杧（盲）果。

名字不好

一个孩子经常哭闹，妈妈埋怨爸爸给孩子起的名字不好，你知道这孩子叫什么吗？

答案：杨聪（洋葱）。

答非所问

甲：能告诉我你姓啥吗？

乙：没心思。

甲：能告诉我你爱吃啥吗？

乙：青春美丽痘。

甲：能告诉我你爱喝啥吗？

乙：值得一笑。

以上似乎答非所问，实际上乙回答的正是甲所问的问题。

你知道乙都回答了什么吗？

答案：田、面疙瘩、可乐。

一种性别

什么蔬菜只有公的没有母的？

答案：南（男）瓜。

最懒惰

什么水果最懒惰？

答案：橄榄（敢懒）。

什么水果长牙？

答案：葡萄（葡萄牙）。

枇杷树

枇杷满枝头，是哪个旅游胜地？

答案：黄果树。

猎人与水果

猎人来了，是什么水果？

答案：寿桃（谐音“兽逃”）。

迷路

什么药最容易迷路？

答案：人参（人生地不熟）。

四两拨千斤

什么食品可以四两拨千斤？

答案：巧克力。

非碎不可

什么东西不碎就不能用？

答案：鸡蛋。

需要又不想要

什么东西大家都需要，但又不想要？

答案：饭，人人都需要吃饭，但没人想“要饭”。

汤里有什么

欧美人就餐头一道菜是汤，你知道汤里经常会有什么吗？

答案：有水。

各地出产

什么食物东西南北都出产？

答案：瓜。

变色大王

什么东西没吃的时候是绿的，吃的时候是红的，吐出来是黑的？

答案：西瓜。

味道好

什么花吃起来很香？

答案：爆米花。

三种味道

什么样的白米饭能吃出三种口感？

答案：夹生饭，有生的、熟的，还有半生不熟的。

出生与出世

什么东西出生了，可是还没有出世？

答案：鸡蛋。

不觉乏味

什么书无论任何人读都不会觉得乏味？

答案：菜谱大全。

不孵小鸡

什么样的鸡蛋永远孵不出小鸡？

答案：煮熟的鸡蛋。

没有翅膀

什么鸡没有翅膀？

答案：田鸡。

喝不完

什么酒永远喝不完？

答案：天长地久（酒）。

聪明的老板

余太太到一家三黄鸡店对老板说："我要的东西既不肥也不瘦，不要骨头不要肉。"老板一听心领神会，你知道余太太要的是什么吗？

答案：鸡血。

煮不熟

永远煮不熟的菜是什么菜？

答案：生菜。

有胡须

有一种东西，成熟了会有胡须，这是什么？

答案：玉米。

不能喝的酒

什么酒不能喝？

答案：碘酒。

越吃越多

可口的饭菜一扫而光，但有一样东西却越来越多，是什么？

答案：空盘子。

夜间禁食

什么饭不能在夜间吃？

答案：早饭和午饭不能在夜间吃。

什么药可以当饭菜吃？

答案：山药。

好洗的油

什么油沾到手上最好洗？

答案：酱油。

点不燃

什么油点不燃？

答案：酱油。

头喝水，嘴吐水

什么东西用头喝水、用嘴吐水？

答案：茶壶。

难吃的果

什么果人人都不喜欢吃？

答案：恶果。

经理的绝活

章经理不会做饭，但有一道菜他特别拿手，请问是什么？

答案：炒鱿鱼。

喝完变鬼

喝什么东西可以让人变成鬼？

答案：酒（变成酒鬼）。

另类炮弹

什么炮弹不会伤及人的身体，但危害更大？

答案：糖衣炮弹。

烦恼之时

烦恼的时候应该吃什么？

答案：开心果。

妈妈是谁

牛的妈妈是谁？

答案：花生。因为花生牛奶。

鸡的妈妈是谁？

答案：勃勃，勃勃生机（鸡）。

酱的妈妈是谁？

答案：花。因为花生酱。

祖先

人的祖先是谁？

答案：花，因为花生仁（人）。

相遇

牛的舌头和尾巴在什么时候遇在一起？

答案：餐厅里。

凉水与生水

喝凉开水和喝生水有什么不同？

答案：后果不同。

糖与醋

除了味道不同，你知道糖和醋还有什么区别？

答案：你可以请人吃糖，却不能请人吃醋。

从不吃

小林在一家大型食品工厂工作，可他却说从来没有吃过工厂生产的食品，你相信吗？

答案：相信。因为小林是在一家狗粮生产工厂。

绿豆变身

绿豆要怎么样才能变成红豆、黄豆和黑豆？

答案：绿豆从高处跳下来，流了很多血，变成红豆；后来伤口流脓，变成了黄豆；伤口结了疤，成了黑豆。

怎样卫生

喝牛奶时用哪只手搅拌会比较卫生？

答案：用哪只手都不卫生，还是用勺子好。

害怕的草莓

草莓最担心什么事？

答案：害怕被做成果酱。

倾斜方向

在平衡的跷跷板两边各放一个西瓜和冰块，重量相等，如果就这样放着，最后，跷跷板会向哪个方向倾斜？

答案：一样水平，冰化了西瓜滚了。

分豆

一个袋子里装着黄豆，另一个袋子装着红豆，小强将两个袋子里的豆子都倒在地上，很快就把黄豆和红豆分开了，他是怎么做到的？

答案：很简单，因为袋子里只有一颗黄豆和一颗红豆。

装更多

有一个装满香蕉的纸盒子，想要装更多的香蕉，应该怎么办？

答案：换成更小的香蕉装进来。

脚踩香蕉皮

走路时一只脚踩到香蕉皮很倒霉，比这更倒霉的是什么？

答案：两只脚都踩到香蕉皮。

赴汤蹈火

什么情况下，每个人都会主动地发挥赴汤蹈火精神？

答案：吃火锅的时候。

喝得最辛苦

喝哪一种果汁最辛苦？

答案：绞尽脑汁。

猪肉店与狗肉店

如何分辨猪肉店与狗肉店的不同？

答案：狗肉店门口会挂羊头（挂羊头卖狗肉）。

谁大

麦当劳和肯德基谁比较大？

答案：肯德基（麦当劳是叔叔，肯德基是爷爷）。

转化

A 和 B 可以相互转化，B 在沸水中可以生成 C，C 在空气中可以氧化成 D，D 有臭鸡蛋气味，问 A、B、C、D 各是什么？

答案：A 鸡　B 鸡蛋　C 熟鸡蛋　D 臭鸡蛋。

不买坏鸡蛋

如何才能避免买到坏鸡蛋？

答案：买鸭蛋。

摘苹果

什么时候是摘苹果的最好时机？

答案：成熟的时候。

烤肉

烤肉的时候最怕什么？

答案：肉跟你装熟。

鸡蛋壳

以碳酸钙为主要成分的鸡蛋壳有什么用处？

答案：用来包蛋清和蛋黄。

不喝水的方法

用什么方法可以不喝水？

答案：把水改一个名字。

哪个贵

稀饭贵还是烧饼贵？

答案：当然是稀饭了，物以稀为贵。

吃面

洁洁吃麻辣面，加了胡椒又加辣椒，你猜他还会加什么东西？

答案：鼻涕和眼泪。

藏苹果

假如你的三个同学来到你家，你要把桌上的一个苹果藏起来让他们找，你会把苹果藏在哪里，使他们找不到呢？

答案：吃掉藏在肚子里。

空肚吃蛋

空着肚子能吃几个鸡蛋？

答案：一个，因为再吃的时候就不是空着肚子了。

别名

番茄又叫西红柿，土豆又叫洋芋，茄子的另外一个名字叫什么？

答案：蔬菜。

苹果的去处

如果苹果没落在牛顿的头顶上，会落在哪里？

答案：落到地上。

增长智力

一个人增长智力最有效的办法是什么？

答案：吃一堑，长一智。

吞吞吐吐

王太太一向心直口快，但什么事竟让她突然变得吞吞吐吐了呢？

答案：王太太在吃甘蔗。

把药摇匀

米奇吃下了药，但忘了把药摇匀，达不到最佳效果，他该如何补救？

答案：不停地翻跟斗。

喝酒

满满一杯啤酒，怎样才能先喝到杯底的酒？

答案：用吸管。

不见的西红柿汁

在澳大利亚的一个农场里，马里安家里自制了很多西红柿汁。有一天他的小儿子约翰站在窗下，可是淘气的哥哥汤姆把西红柿汁朝弟弟的头上倒下去了。西红柿汁正好成一条线，落到约翰的头上。马里安先生急忙赶到窗户边一看，真奇怪！约翰的头上一滴西红柿汁也没有，地上也没有痕迹。请问，这是为什么？

答案：西红柿汁流下来时，约翰朝上张开大嘴，把流下的西红柿汁全部喝了。

拿鸡蛋打墙

有个人拿着鸡蛋使劲打墙，鸡蛋却没有破，这是为什么？

答案：因为他左手拿鸡蛋，右手打墙。

不能收获苹果的果树

幸福村的果农用了最新的种植果树技术，却没有收获一个苹果，为什么？

答案：因为他们种的是梨树。

不会破的鸡蛋

小马不会轻功，一只脚搭在鸡蛋上，鸡蛋却不会破，这是为什么？

答案：因为小马的另一只脚还站在地上。

不吐壳

玲玲吃瓜子不吐壳，为什么？

答案：因为她吃的是剥了壳的瓜子。

剩下的蛋黄

三个荷包蛋分给三个人吃。每个人都吃了一个蛋黄，却还剩下一个蛋黄，为什么？

答案：因为有一个蛋是双黄蛋。

买不到的馒头

妈妈让小宝带着足够的钱，去副食店买馒头，可是老板死活都不卖给他，为什么？

答案：馒头还没蒸熟呢。

Chapter 9 自然课：动物篇

白兔奔月

白兔为什么要和嫦娥奔月？

答案：因为嫦娥是萝卜腿。

汪汪叫

狗为什么喜欢汪汪的叫？

答案：因为它们不会说话。

喝羊奶长大

月月第一次见到壮壮就断定壮壮是喝羊奶长大的，为什么？

答案：因为壮壮是一只羊。

跳楼

杏子从52楼跳下，为什么没事？

答案：因为杏子是只鸟。

只吃第三个

奶奶非常疼爱她养的那只猫，当猫咪生日那天，她特地准备了五个各放了一条鱼的盘子，为它祝贺。猫咪走到盘子前，犹豫了一会儿，然后把第三个盘子里的鱼吃掉了，为什么？

答案：因为它高兴。

身后有小白兔

有6只小白兔，每只小白兔都说自己身后还有一只小白兔，为什么？

答案：因为它们围成了一个圆圈。

狗晒太阳

中午太阳很大，阿健为什么让他的狗蹲在门口晒太阳？

答案：因为阿健想吃热狗。

蜗牛趴草

蜗牛为什么喜欢趴在草地上？

答案：因为蜗牛没有脚，只能趴，不能站。

少不了的羊

为什么一群狼里肯定有一只羊？

答案：因为“群”字里有一个“羊”字。

小狗的沙漠之旅

一只小狗在沙漠中旅行，结果死了，问它是怎么死的？

答案：它是憋死的，因为沙漠里没有电线杆尿尿。

一只小狗在沙漠中旅行，找到了电线杆，结果还是憋死了，为什么？

答案：电线杆上贴着“此处不许小便”。

一只小狗在沙漠中旅行，找到了电线杆，上面没贴任何东西，结果还是憋死了，为什么？

答案：很多小狗在排队，没等到。

踩过蚂蚁

蚂蚁在地上爬，阿美一只大脚从蚂蚁身上踩过去，蚂蚁却没死，为什么？

答案：因为阿美穿的是高跟鞋。

小猫不见了

姑妈送给小花一只小猫，这只小猫没有死掉，也没有跑掉，小花也没有把它送人，为什么三个月后姑妈来小花家没有看到小猫？

答案：因为它已经长成大猫了。

鸡鹅赛跑

鸡鹅赛跑，鸡比鹅跑得快，为什么鹅先到终点？

答案：因为鸡跑错了方向。

变小的小猫

佳佳和小猫玩得正高兴，突然他看见小猫越来越小了，为什么？

答案：因为小猫离佳佳越来越远了。

不咬人的眼镜蛇

森林里有一条眼镜蛇，可是它从来不咬人，你知道为什么吗？

答案：因为那森林里没有人。

偷吃肉馅

桌子上有一个普通的肉包子，有一只动物，这只动物没有把这个包子的皮搞坏或弄破，就吃到了包子里的肉馅。这是怎么回事？

答案：那只动物是一只小虫，被人不小心连同肉馅一起包到包子里了，由于这个包子是个生包子，虫子就能在包子里吃肉馅了。

最好养的动物

为什么养长颈鹿最不花钱？

答案：因为它们的脖子长，一点点食物都要走很长的路才能到肚子里。

可恶的蚂蚁

一位胖女士十分爱吃甜食，她为什么十分痛恨同样也爱吃甜食的蚂蚁？

答案：大家都爱吃甜食，凭什么你的腰那么细。

猎人与猩猩

一个猎人去森林里打猎，遇到一只大猩猩，他拿出箭来，朝大猩猩射去，第一支箭被大猩猩用手接住了，第二只被它用嘴接住了，第三只被它用另一只手接住了，但后来大猩猩还是死了，为什么？

答案：因为大猩猩有拍胸脯的习惯，接住了猎人的三支箭，一高兴就拍胸脯，被手里的箭扎死了。

一个头两个大

乌龟为什么会突然“一个头两个大”呢？

答案：乌龟也正在想这个问题。

猫和老鼠

一只饿猫从一只胖老鼠身旁走过，为什么那只饥饿的老猫竟无动于衷地继续走它的路，连看都没看这只老鼠？

答案：是瞎猫遇到死耗子。

田鼠挖洞

一只田鼠在挖洞时并没有在洞口四周留下泥堆，为什么？

答案：因为它在挖出口。

羊吃虎

一只羊碰到一只老虎，非但不怕，而且还把那只老虎给吃了，这是怎么回事？

答案：因为那是只纸老虎。

越来越少

为什么现在地球上的猴子越来越少了？

答案：都变成人了。

倒挂的蝙蝠

为什么蝙蝠经常倒挂着？

答案：吃多了，怕胃下垂。

三只壁虎

墙壁上爬着三只壁虎，其中一只没抓稳掉了下来，没过一会儿，另外两只也掉了下来，为什么？

答案：另外两只拍手叫好，也掉下来了。

青蛙输了

自由泳比赛中，为什么青蛙输给了狗？

答案：因为是自由泳比赛，禁止蛙泳。

活动自如

小花站起来同饭桌一样高，两年之后，仍能在桌子底下活动自如，这是为什么？

答案：因为小花是条狗。

马吃象

为什么马可以吃象？

答案：因为是在下象棋。

没飞走的鸟

森林中有 10 只鸟，小明开枪打死了 1 只，其他 9 只却都没有飞走，为什么？

答案：因为那是 9 只鸵鸟。

冬眠的时间

熊为什么冬眠时会睡这么久？

答案：因为没人敢叫它起床。

鸭子淹死了

一只健壮的鸭子为什么在河里淹死了？

答案：因为它想不开自杀了。

喜欢网上爬

人为什么喜欢往上爬？

答案：因为人是猴子变的。

大象死了

动物园的大象死了，为什么管理员哭得死去活来？

答案：因为他想到要挖很大的坑，可能会累死。

拔牙

为什么拔一颗牙齿需要 10 名医生？

答案：因为要拔牙的是头大象。

蚯蚓的死因

老师说蚯蚓切成两段仍能再生，冰冰照老师的话去做，为什么蚯蚓却死了？

答案：因为冰冰是竖着切蚯蚓的。

老鹰与羊

有一只饿极了的老鹰见地上有一只羊，却向上飞去，为什么？

答案：当时老鹰正在一个斜坡的低处，羊则在斜坡的高处，所以它要向上飞。

踢狗

张三使劲向狗踢去，狗却没有叫，为什么？

答案：因为没踢中。

母鸡还会什么

母鸡除了会生蛋，还会生什么？

答案：会生病。

等待伏击的狐狸

狐狸埋伏在兔子必经的草丛旁，等了很久兔子终于来了，但狐狸一动不动，为什么？

答案：因为它看见一只狼在追兔子。

虎的归属

动物学家为什么把老虎列为猫科动物？

答案：想杀杀老虎的威风。

消失的鸟蛋

一只鸟窝里原本有三个蛋，既没有被蛇偷了，也没有被大风刮掉在地上，为什么不见了？

答案：变成小鸟飞走了。

爱吐舌头的小美

吐舌头是非常不礼貌的行为，小美为什么一天到晚吐舌头？

答案：因为小美是条狗。

大象的鼻子

大象为什么有那么长的鼻子？

答案：因为它爱撒谎。

第三次龟兔赛跑

兔子和乌龟进行第三次龟兔赛跑，兔子没有睡觉，终点也不在水里，为什么还是输了？

答案：因为这次比赛的是一只忍者神龟。

不说话

狗和猫都会叫，为什么鱼儿从来不说话？

答案：因为鱼儿怕被水呛着。

被淘汰的动物

狮子、老虎和狼一起玩游戏，谁会被淘汰？

答案：狼，因为桃太郎（淘汰狼）。

被打的鸡

森林中有野鸡、山鸡和火鸡，其中哪个最有可能被打？

答案：火鸡，因为“打火机”。

掉进冰里的狼

严冬，一只狼过河时不小心掉进冰窟窿里，被救起来后变成了什么？

答案：槟榔（冰狼）。

摔跤的狐狸

狐狸为什么经常摔跤？

答案：因为狐狸狡猾（脚滑）。

蚕宝宝

为什么蚕宝宝很有钱？

答案：因为蚕会节俭（结茧）。

不贪钱的昆虫

蚂蚁、蜜蜂和蜈蚣，哪一种昆虫最不贪钱？

答案：蜈蚣，因为无功不受禄。

谁会晕车

小白、小黄、小兰坐长途汽车，谁会晕车？

答案：小白，因为小白兔（小白吐）。

不用休息

哪一种动物不用休息？

答案：蝙蝠。不修边幅（不休蝙蝠）。

八戒的脊梁

猪八戒的后脊梁，是什么成语？

答案：无能之辈（悟能之背）。

著名的猪

打猎时遇到一只很有名的猪，你很高兴，发出了一句感叹，结果发现这句话居然是一件物品，那么你说的是什么话？

答案：耶，名猪。由“名猪”想起“夜明珠”。

蚂蚁与梨

两只蚂蚁走在路上，突然看见一只很大的梨，蚂蚁甲：“咦，大梨？”蚂蚁乙：“嘘，梨呀。”蚂蚁甲：“哦，大梨呀。”蚂蚁乙：“嘻，搬呀。”蚂蚁甲：“往哪儿搬？”蚂蚁乙：“搬家里呀。”搬不动，蚂蚁甲出主意：“啃梨呀。”蚂蚁乙咬了一口，说：“梨不嫩。”蚂蚁甲也咬了一口，说：“面的。”蚂蚁乙再咬了一口，说：“一涩梨。”你能根据这个猜出九个国家的名称吗？

答案：意大利、叙利亚、澳大利亚、西班牙、保加利亚、肯尼亚、黎巴嫩、缅甸、以色列。

并排站

“小胖和小猪站在一起”，是什么动物？

答案：象（像）。

小白

小白＋小白＝？

答案：小白兔（小白 TWO）。

奔跑的公鹿

有只公鹿在路上跑，越跑越快，最后变成了什么？

答案：高速公路（鹿）。

高手

什么动物是高手？

答案：猪，因为珠（猪）算高手。

最快的鸡与最慢的鸡

世界上什么鸡跑得快？什么鸡慢？

答案：肯德基（鸡）块（快），妮可基（鸡）特曼（慢）。

相像

什么植物和动物很像鸡？

答案：树和马，因为数码（树马）相机。

鹌鹑之最

全世界最大的鹌鹑是从哪里来的？

答案：鹌鹑蛋里。

最强生命力

哪一种蛇生命力最强？

答案：三寸不烂之舌（蛇）。

不办人事

什么东西说人话不办人事？

答案：鹦鹉。

没有翅膀

什么鸡没有翅膀？

答案：田鸡。

会飞能吃

什么东西，顺着念会飞，倒着念能吃？

答案：蜜蜂，蜂蜜。

模特的师傅

所有时装模特共同的师傅是谁？

答案：猫。因为模特都要学走猫步。

上网之最

自从互联网普及以来，世界上上网最勤快的是谁？

答案：蜘蛛。

放鸽子

人人都要面子，可是谁会被人“放了鸽子”还很高兴？

答案：鸽子。

谁来开瓶

打不开瓶盖的时候要找谁来开瓶？

答案：孔雀。因为孔雀开屏（开瓶）。

不抓老鼠

除了一日三餐被主人照顾得无微不至的加菲猫，还有什么猫不抓老鼠？

答案：熊猫。

不偷贼

什么贼从来不偷东西？

答案：乌贼。

没头没尾

没有头也没有尾巴的马是什么马？

答案：鞍马。

公主的马

观音把白龙化成白马，叫白龙马，留在唐僧身边当坐骑，那么留在公主身边的马叫什么马呢？

答案：驸马。

最快的马

在万人振奋的赛马场上，什么马跑得最快？

答案：黑马。

臭美鸟

什么鸟特爱打扮？

答案：画眉鸟。

两只脚

什么狗用两只脚走路？

答案：史努比。

什么猫用两只脚走路？

答案：叮当猫。

什么老鼠用两只脚走路？

答案：米老鼠。

什么鸭子用两只脚走路？

答案：所有的鸭子。

孤零零

什么动物既没有祖先，也没有子孙？

答案：骡子。

天天默哀

什么动物天天默哀？

答案：鳄鱼。因为每天吃东西前都要流泪。

最多的动物

动物园里，哪一种动物最多？

答案：蚂蚁。

往鸡窝钻

什么动物爱往鸡窝里钻？

答案：鹤。因为它想鹤立鸡群。

爱打针

什么动物最爱打针？

答案：蚊子。

常常吃药

什么动物没生病，人们却常常买药给它吃？

答案：老鼠。

坐站走卧

坐也是坐，站也是坐，走也是坐，卧也是坐，这是什么动物？

答案：青蛙。

坐也是站，站也是站，走也是站，卧也是站，这又是什么动物？

答案：马。

坐也是卧，站也是卧，走也是卧，卧也是卧，这又是什么动物？

答案：鱼。

坐也是走，站也是走，走也是走，卧也是走，这又是什么动物？

答案：蛇。

伪装术

除了变色龙，什么动物最擅长伪装术？

答案：人。

黑白红相间

黑白相间的马是斑马，那么黑、白、红相间的马是什么马？

答案：害羞的斑马。

最重的压迫

什么动物遭受的压迫最重？

答案：骆驼。它总是背着两座山。

湿淋淋的狗

什么狗身上湿淋淋的？

答案：落水狗。

没有父母的孤儿

有一个孤儿，自从生下来就没有爸爸妈妈，这是谁呢？

答案：克隆羊多莉。

最懒惰的“渔夫”

“三天打鱼两天晒网”的不是好渔夫，那什么是天天晒网，却从来不出海打鱼的？

答案：蜘蛛。

最聪明的鱼

所有的鱼类中，谁最聪明？

答案：墨鱼，因为它有一肚子墨水。

往上看

什么动物最爱看上面？

答案：长颈鹿。

谁会赢

狗和猫争大王，谁会赢？

答案：猫。因为有猫王。

不反悔

什么动物义无反顾？

答案：马，好马不吃回头草。

方向感

什么动物最没有方向感？

答案：麋鹿（迷路）。

爱喝水

什么马最爱喝水？

答案：海马。

猫怕鱼

猫在什么情况下怕鱼？

答案：遇到的是鳄鱼。

用到狼

做什么事情的时候要用到狼？

答案：骂人的时候，比如“狼心狗肺”。

二鸟送信

一只啄木鸟陪一只鸽子一起去送信，有什么好处？

答案：信到了，收信的人会听到敲门声。

大象与跳蚤

大象与跳蚤的区别在哪里？

答案：大象身上可能有跳蚤，但跳蚤身上绝不可能有大象。

高兴的羊

有一只羊想起一件高兴的事，结果变成了什么？

答案：喜羊羊。

梁祝的结局

梁山伯和祝英台变成了比翼双飞的蝴蝶，之后怎样了？

答案：生了一堆毛毛虫。

忽而变大

小狗怎么才能一下子变大呢？

答案：把“犬”上的点去掉。

两条铁链

有一只鹦鹉，它的两只脚各系有一条小铁链。如果拉一下它左脚上的链子，它会说话；如果拉一下它右脚上的链子，它会唱歌；那如果同时拉这两条铁链子的话，鹦鹉会怎么样？

答案：它就会栽下来。

是公是母

长胡子的山羊是母羊还是公羊？

答案：山羊无论公母都长胡子。

蚂蚁死了

一只蚂蚁不小心从飞机上掉下来，死了。猜猜它是怎么死的？

答案：在空中飘了太久，饿死的。

蚂蚁的死因

一只蚂蚁从 15 万千米的高空掉到地上，不是饿死、渴死，也不是老死，那蚂蚁是怎么死的？

答案：嗨（high）死的。

好蛋鸡

不常下蛋的鸡是好蛋鸡吗？

答案：是的，只要它下的蛋不是坏鸡蛋。

失踪的龙

动物园里的龙失踪了，园长把狮子、老虎和狼叫来询问，你认为谁是罪犯？

答案：老虎，因为卧虎藏龙。

劝架

草地上三只羊正在吃草，突然其中两只闹矛盾打了起来，第三只羊灵机一动，说了一句话，那两只羊便不打了。你知道第三只羊说了什么吗？

答案：它对两只羊说“狼来了”。

掉进碗里

为什么一只大青马掉到饭碗里淹死了？

答案：大青马是蛐蛐的昵称。

不敢接近

动物园里有只可爱的熊猫，为什么人们都不敢接近它？

答案：因为油漆未干。

钓鱼高手

小东是钓鱼高手，但有一次他一条鱼也没钓到，为什么？

答案：因为小东在钓虾场钓虾。

有没有关系

一个伟大的人和一只伟大的狮子同一天诞生，有什么关系？

答案：没关系。

老虎吃草

一头被 10 米绳子拴住的老虎，要如何吃到 20 米外的草？

答案：老虎不吃草。

鸭子不飞

鸭子会飞，连煮熟的鸭子都会飞走，那么怎样让鸭子不会飞走呢？

答案：插一只翅膀给它（插翅难飞）。

安哥拉兔毛的产地

什么地方盛产安哥拉兔毛？

答案：安哥拉兔身上。

蜈蚣买酱油

螳螂请蜈蚣和壁虎到家中做客，烧菜的时候发现酱油没了，蜈蚣自告奋勇出去买，却久久未回，究竟发生了什么事？

答案：打开门后，发现蜈蚣还坐在门口穿鞋。

螃蟹比赛

80 厘米长的红螃蟹和 30 厘米长的黑螃蟹比赛跑步，谁会赢？

答案：黑螃蟹。因为红螃蟹是煮熟的。

牛的尾巴

一头牛，向北走 10 米，再向西走 10 米，再向南走 10 米，倒退右转，问牛的尾巴朝哪儿？

答案：朝地。

黑鸡与白鸡

是黑鸡厉害还是白鸡厉害？

答案：黑鸡，因为黑鸡会下白蛋，白鸡不会下黑蛋。

滚落的鸡蛋

有一只公鸡在屋顶上下蛋，你说鸡蛋会从左边掉下还是右边？

答案：公鸡不会下蛋。

最倒霉

一个侍者给客人上啤酒，一只苍蝇掉进杯子里面，侍者、客人和经理到看见了，请问谁最倒霉？

答案：苍蝇最倒霉，连命都没了。

逻辑解释

“好马不吃回头草”最合乎逻辑的解释是什么？

答案：后面的草都给吃光了。

动物园的规则

家有家规，国有国规，那动物园里有啥规？

答案：动物园里有乌龟（规）。

谁的马慢

某地，两个骑手举行荒唐的比赛，比谁的马跑得慢。当比赛信号发出后，两个骑手依然坐在各自的马上不动，生怕抢在前面。面对僵持不下的局面，有个老翁出了个主意，使两匹马急驰而去，你知道老翁出的是什么主意吗？

答案：让两人换马。

放鸟进井

大海捉了一只鸟，但不想马上把它带回家，四周又没有可绑住小鸟的东西。附近有一个干涸的井口，大海便把小鸟放进井里。你认为大海的方法可行吗？为什么？

答案：可行，因为鸟不会像直升机那样直上直下。

一山容二虎

什么情况下一山可容二虎？

答案：一公一母。

步骤

我们都知道把一只大象放进冰箱里分三步：把冰箱门打开；把大象放进去；把冰箱门关上。那么，把长颈鹿放进冰箱里要分几步？

答案：四步：把冰箱门打开；把大象放出来；把长颈鹿放进去；把冰箱门关上。

动物召开百兽大会，谁没来？

答案：长颈鹿，还在冰箱里。

哈巴狗

哈巴狗去掉尾巴像什么动物？

答案：还是哈巴狗。

谁是胜利者

乌龟与兔子比赛竞走，哪个能取胜？

答案：乌龟取胜。因为兔子只会跑跳，不会走。

乌龟的要求

龟兔赛跑兔子输了，它十分不服气，要和乌龟再比一次，乌龟答应了，但提了一个要求，结果这一次兔子又输了。你知道乌龟提了什么要求吗？

答案：乌龟要求把终点定在河中央。

稳操胜券的兔子

龟兔赛跑兔子输了之后很扫兴，它绞尽脑汁想到了一个比赛项目，肯定能赢乌龟，你知道它们比什么吗？

答案：仰卧起坐。

小猪过桥

有一头重 100 斤的小猪，想过一座只能承重 50 斤重量的独木桥。它不能绕过去，还必须活着过去，请问小猪怎么过去？

答案：小猪还在想。

打虎看谁

有句话说打狗要看主人，那打虎得看什么？

答案：看你有没有胆量。

最恶心的虫

吃苹果时，咬下一口后发现有一条虫，觉得好恶心；发现有两条虫，觉得更恶心；看到有几条虫时，才让人觉得最恶心？

答案：半条。

最长的蛇

“水蛇”“蟒蛇”“眼镜蛇”哪一个比较长？

答案：眼镜蛇长，其他都是两个字。

变异

除了在魔术表演中，人可以变成鸡吗？

答案：可以，落汤鸡。

辨认关系

一群母牛关在一间牛棚里，它们的小牛被关在另一间牛棚里，你有什么办法辨认出哪只小牛是哪个妈妈的孩子吗？

答案：等小牛饿了，放它们去吃奶。

蚕过河

在河的一岸有一只蚕，在河的对岸有一片桑树林。这条河水面宽 1 公里，却没有一座桥，请问蚕如何才能到河对岸？

答案：变成蛾飞过去。

语言的力量

冬天快来了，毛毛虫终于鼓起勇气对爸爸说了一句话，但爸爸听完当场就晕倒了。你猜毛毛虫说了一句什么话？

答案：毛毛虫说“爸爸，我要买鞋”。

贴错的标签

明明是放砂糖的罐子，却贴着一张写着“盐”的标签，这样作用何在？

答案：骗蚂蚁。

吃鱼的好处

有人说多吃鱼可以预防近视眼，有什么依据吗？

答案：你见过猫戴眼镜吗？

不报晓的鸡

在一个没有钟表的偏远的小山村，有个姓王的农民养了很多鸡，但这些鸡从来不报晓，为什么呢？

答案：因为这些鸡都是母鸡。

无法消失的狗叫声

某富翁的左右邻居都养狗，一到晚上，这两条狗就叫个不停。无法忍受这种折磨的富翁便出搬家费100万元，希望左右邻居搬走。的确，两个邻居是连狗一起搬家了，但是一到夜晚，富翁还是能听到完全相同的狗叫声。这是为什么？

答案：左边的邻居搬到了右边，右边的邻居搬到了左边，他们只是交换了一下位置而已。

没有胜负的猜拳

蝎子和螃蟹玩猜拳，它们玩了两天两夜，还是分不出胜负，你猜为什么？

答案：因为它们都只能出剪刀。

少了2只脚印

一只毛毛虫（24只脚）走上一堆牛粪，下地以后却发现牛粪上只有22只脚印，为什么？

答案：因为牛粪太臭，它用两只脚捏住鼻子了。

撞死的小猪

一只小猪跑了，主人拿一根棍子赶它，院子特别大，小猪却撞死在树上了，为什么？

答案：因为小猪不会急转弯。

只在水里生活

鱼为什么只生活在水里，而不生活在陆地上？

答案：因为猫不会游泳。

比跳高

为什么小青蛙可以跳得比树高？

答案：因为树不会跳。

坚持到底

为什么两只老虎打架，不拼个你死我活绝不罢休？

答案：因为没有人敢劝架。

鳄鱼嘴里的帽子

野生动物园的池塘里，一只鳄鱼正叼着管理员的帽子玩耍，而管理员全体总动员，站在池塘的外围，义愤填膺地叫喊着："可恶的畜生！"可是每个管理员的帽子都还在啊，奇怪！到底发生了什么事？

答案：因为鳄鱼把一个管理员吃掉了，他就是帽子的主人。

金鱼的死因

小黄买了10条金鱼放在鱼缸里，为什么10分钟后金鱼全死了？

答案：因为鱼缸里没放水。

束手无策

一头凶猛的大狮子正饿得不行，可小明从它身边走过却平安无事，为什么？

答案：因为狮子被关在笼子里！

母鸡腿短

为什么母鸡的腿比较短？

答案：如果腿长了，生下的蛋会被摔破。

傻乎乎的金鱼

为什么金鱼看上去老是傻乎乎的？

答案：因为它脑袋里灌水了。

老鼠打洞

老鼠为什么要打洞？

答案：因为它想有个家。

被冻死的鸡

一只鸡和一只鹅被放入同一个冰柜内，为什么只有鸡被冻死了？

答案：因为那只鹅是一只企鹅。

企鹅死了

把一头猪和一只企鹅一起放进冰箱里面，为什么企鹅死了猪没死呢？

答案：因为冰箱没插电，企鹅热死了。

牛如何吃饲草

在村旁的一棵大树下，一位农民用 2 米长的绳子拴住牛鼻子，将饲草放在离大树 3 米处。可是，没过多长时间，牛就把饲草吃光了，绳子没解开，也没断，这是怎么回事？

答案：因为农民没有把绳子的另一头拴在树上。

狗叫的时间

晚上有一人经过小明家门外，看门狗就会叫上 1 分钟，昨晚有三个人经过，狗只叫了 2 分钟，这是为什么？

答案：其中有两个人同时经过。

抓不到

北极熊看起来行动迟缓，捕捉猎物时动作却很敏捷。但是，它抓不到刚出生的企鹅。你知道这是为什么吗？

答案：因为北极熊在北极，企鹅生活在南极。

没有鸡，但有蛋

一个农场里没有鸡，为什么有蛋？

答案：因为农场主养的是鸭子。

寻狗启事

小明的狗丢了，他为什么不让爸爸写一份寻狗启事？

答案：因为狗不识字。

蚂蚁旅行

蚂蚁去沙漠旅行，为什么沙子上没有蚂蚁的脚印，只有一条线呢？

答案：蚂蚁是骑脚踏车去的。

蚂蚁从沙漠旅行回来，没有通知任何人，朋友却知道他回来了，为什么？

答案：看见他停在楼下的脚踏车。

房子涨价

如今的工薪族都是谈房价色变，小强为什么不怕房子涨价？

答案：因为小强是蟑螂。

小强哥不是蟑螂，为什么也不怕房子涨价？

答案：因为小强哥是蜗牛，天生就有房子住。

螃蟹的伪装

雄螃蟹喝酒因为怕太太责怪，它在身上喷了古龙水，同时又漱了口之后才回家，可是还没进家门，大老远就被等在家门口的老婆发现它又喝醉了，为什么？

答案：因为他是直着走回来的。

从小会偷

华华才 1 岁就经常偷吃东西，为什么？

答案：华华是一只猫。

大耳朵的秘密

大象的耳朵为什么那么大？

答案：因为大象生活在热带地区，很需要扇子。

老虎的爱好

老虎为什么喜欢吃生肉？

答案：因为它们不会烹饪。

动物聚会

一群动物开完聚会后，冲进便利店买东西，因为太吵，结果都被店员打出来了，却独留小羊在商店里，请问这是为什么？

答案：因为便利店 24 小时不打烊（羊）啊。

企鹅的肚子

为什么企鹅的肚子是白色的而背是黑色的呢？

答案：因为企鹅的手太短，够不着后背，没法洗。

白鹭的姿势

为什么白鹭总是缩着一只脚睡觉？

答案：如果缩两只脚就会摔倒。

抓泥鳅

泥鳅并不大，可是小强为什么一定要用两只手抓泥鳅？

答案：十拿九稳嘛。

飞向南方

冬天大雁为什么要飞向南方？

答案：因为走路太慢，永远到不了。

蝌蚪被偷

两只蝌蚪在路上走，走着走着就被人偷了，为什么？

答案：被当成QQ了。

最伟大的发现

20世纪遗传学界最伟大的发现是什么？

答案：麻雀变凤凰。

鱼儿树中游

什么时候，鱼儿可以像鸟儿一样在树木之间自由自在地游来游去？

答案：涨洪水的时候。

三个醉鬼

一个喝醉酒的人站在一棵大树旁边。（打一种动物的名字）

答案：兔（吐）。

这时又来了一个喝醉酒的人。（也打一种动物的名字）

答案：野兔（也吐）。

这时又来了一个喝醉酒而且光着身子的人靠在大树旁。（再打一个动物的名字）

答案：流氓兔（吐）。

乌龟与花

一只乌龟在河边散步，“扑通”一声掉进河里，打一种花。

答案：玫瑰（没龟）。

又有一只乌龟在河边散步，“扑通”一声掉进河里，打一种花。

答案：野玫瑰（也没龟）。

贴在墙上

什么动物最容易被贴在墙壁上？

答案：海豹（报）。

Chapter 10 全城热恋：爱情篇

情人眼里出西施

为什么有人说“情人眼里出西施”？

答案：因为爱情使人盲目。

自杀未遂

一个失恋的年轻男子从两层楼高的天桥往下跳，结果却毫发无伤，这是怎么回事？

答案：因为他是演员，正在拍电影。

不会淹死

失意的汤姆毅然决然地跳入河中，可是他不会游泳，也没有淹死，为什么？

答案：因为他是坠入爱河。

夫妻的共同点

每对夫妻在生活中都有一个绝对的共同点，那是什么？

答案：同年同月同日结婚。

神秘之箭

什么箭大家都心甘情愿被射中？

答案：丘比特（爱神）之箭。

弱不禁风

什么东西不经触碰就可以毁掉？

答案：诺言。

现代人的结婚法则

从前的人结婚都要先查一查对方的三代，现在的人则查什么？

答案：口袋。

孩子的名字

白雪公主和黑马王子结婚后生下了一个小姑娘，你猜她叫什么名字？

答案：灰姑娘。

互相倾慕

除了男人和女人，哪两种人会互相倾慕？

答案：胖子和瘦子。

分手

林先生大手术后换了一个人工心脏。病好了后，他的女友却马上提出分手，为什么会这样？

答案：因为他没有“真心”爱她。

没有男友

小王认识了一个女孩子，对她一见钟情，得知她没有男朋友，为什么小王还是闷闷不乐？

答案：因为她已经结婚了。

阿兰送情书

阿兰上高一，最近偷偷谈起恋爱来了。奇怪的是，阿兰每次写好情书，不但不贴邮票投邮筒，反而把信都丢进自家的信箱里。你能解释她为何有此反常举动吗？

答案：阿兰的恋爱对象，是负责在她们家一带送信的邮差先生。所以阿兰只要把情书放入信箱，对方就可以收到。

蝴蝶的拒绝

蜘蛛爱上了蝴蝶，蝴蝶却拒绝了，为什么？

答案：因为它妈妈告诉他，整天在网上混的都不是好人。

毫无反映

阿光的女朋友是个爱笑的人，没事就见她笑得前仰后合，稍有一点小动作，也能逗得她咯咯笑。她和阿光去听相声时，只见台下观众捧腹大笑，却只有她毫无反应，这究竟是为什么呢？

答案：因为阿光的女朋友是外国人，听不懂相声。

不合适的礼物

没有女人不喜爱化妆品，那为什么最不该送给女朋友的礼物恰恰也是化妆品？

答案：因为这样会使你永远看不到她的真面目。

无能为力

外科医生小刘医术高明，可他女朋友受了点小伤他却无能为力，为什么？

答案：女朋友伤心了。

婚姻的基础

为什么有人说建立在金钱基础之上的婚姻最牢固？

答案：铜婚、银婚、金婚，越贵越牢固。

寡妇

某国法律规定，男性不得与他的寡妇之姐妹结婚，为什么？

答案：既然有了寡妇，表明本人已死，当然不能再娶了。

老婆来了

一群惧内的大丈夫们正聚集在一起商量怎么重振男子汉的雄风，突然听说他们的老婆来了，大家四处逃窜，唯独一个人没有跑，为什么？

答案：那个人当场吓死了。

离婚的原因

为什么离婚的人越来越多？

答案：因为结婚的人越来越多。

吵架的夫妻

有一对夫妻，丈夫 57 岁、妻子 55 岁。自结婚以来，他们每天必定吵架一次，可是上个月他们却只吵了 26 次。这有可能吗？

答案：有可能。因为这对夫妻上个月刚刚结婚的。

西施的故乡

俗话说“江南出美女”，你知道四大美女之一的西施的故乡在哪儿吗？

答案：情人眼里，因为情人眼里出西施。

Chapter 11 花样之家：家庭篇

不像的兄弟

老大和老幺之间隔着三兄弟，虽是同年同月同日生，却一点也不像，为什么？

答案：因为他们是手指头。

两个孩子的理由

为什么说两个孩子刚刚好？

答案：因为不孝有三。

修理

小明总喜欢把家里的闹钟整坏，妈妈为什么总是让不会修理钟表的爸爸代为修理？

答案：妈妈让爸爸修理小明。

聪明的儿子

夫妻结婚不久，丈夫就去当兵了，后来，妻子生了个儿子。有一天，妻子对儿子说，爸爸就要回来了，让儿子和自己去机场接他爸爸，一会儿飞机上下来了三个人，儿子冲上去就对其中一个人喊："爸爸！"为什么儿子能认出来？

答案：因为其余两个是女的。

信箱的钥匙

李东对张南讲，他昨天出差到广州，晚上给家里打电话时妻子问他是不是把家里信箱的钥匙带走了，他一找，果然是的。今天他赶紧把钥匙放信封里寄了回去。张南一听，骂李东是笨蛋。你说这是为什么？

答案：因为钥匙被投到信箱里，他妻子还是拿不到。

5岁的爸爸

5 岁的佳佳为什么说她的爸爸只有 5 岁？

答案：因为她出生时这个人才开始当爸爸的。

请客吃饭

为什么结婚要请客吃饭，办丧事也要请客吃饭？

答案：结婚时宣布以后家里多了一个人吃饭，办丧事时宣布以后家里少了一个人吃饭。

拼凑的家

杰克为什么说他的家是凑起来的？

答案：因为爸爸和妈妈原来生活在不同的地方。

爸爸不洗碗

平时吃晚饭都是爸爸洗碗，可是今天爸爸为什么吃完饭不洗碗？

答案：因为今天在饭馆里吃的饭。

吃糖的好处

父母为什么爱买糖给孩子吃？

答案：因为父母希望孩子的嘴甜一点。

宽容的爸爸

小华的数学作业只得了 30 分，爸爸知道了却没有批评他，为什么？

答案：因为作业是爸爸教他做的。

“孝顺”的儿子

某人一生以伐木为生，一天，他的儿子对他说：“爸爸，您以后不用再辛苦了。”为什么？

答案：因为他把爸爸的斧子弄丢了。

比林肯聪明

奶奶为什么觉得小孙子比林肯还聪明？

答案：孙子 8 岁就会念总统演讲词，林肯 50 多岁才会。

陪逛街

陪着媳妇逛街，是什么剧种？

答案：二人转。

胆小的弟弟

女王说：“原来有个弟弟胆子很小，一点受不了惊吓，有一天夜里弟弟又做了噩梦，梦见敌国的武士冲进了皇宫，将剑刺入他的心脏。弟弟受到这个惊吓，在梦中就死去了。”你相信她说的话吗？

答案：不相信。因为如果弟弟在梦里吓死，就不会告诉女王做梦了。

爸爸的心思

父亲对儿子说：“如果你猜得出我在想什么，我就给你 100 元钱。”儿子一听非常想得到 100 元钱，于是绞尽脑汁想出了一个绝妙答案。父亲听了说了一声“对”，就不得不把钱给儿子了。你知道儿子到底说了什么绝妙答案吗？

答案：“爸爸，你不想把这 100 元钱给我，对吗？”

谁的车

如果有一辆宝马车，老大在开车，老二坐在旁边，这辆宝马车是谁的？

答案：是如果的。

阿拉丁的哥哥

阿拉丁有几个哥哥？

答案：三个，阿拉甲、阿拉乙、阿拉丙。

儿子的差别

龙的儿子与狗的儿子有什么差别？

答案：一个是太子、一个是犬子

老四的名字

一对夫妇非常想要一个男孩，但生了四个都是女孩，老大叫一招，老二叫二招，老三叫再招，请问老四叫什么？

答案：绝招。

坐吃山空

大富翁快要死了，却担心不成器的儿子坐吃山空，他该怎么办才好？

答案：规定他们以后站着吃饭。

不洗碗

母亲节那天，你如果不想让母亲洗碗，又不想自己动手的话，你该怎么办？

答案：跟她说“妈，留着明天洗吧”。

妈妈最担心的事

女儿第一次参加舞会，妈妈最担心什么？

答案：与狼共舞。

不吃甘蔗

大李带着他3岁的儿子上街，儿子看见别人在甘蔗摊边吃甘蔗，吵着也要买，大李对儿子轻柔地说了一句话，儿子马上不吵也不闹了，乖乖地跟他回家了，大李说了什么？

答案：甘蔗不好吃，看别人吃一口就吐掉了。

身材最辣的女儿

梁家有三个女儿，大女儿、二女儿、三女儿。谁的身材最辣？

答案：大女儿，因为姜还是老的辣。

先开什么

晚上，茜茜妈妈要进浴室给茜茜放水洗澡，浴池有两个水龙头，一个放热水，另一个放冷水，你猜她会先开什么？

答案：先开灯。

分西瓜

王阿姨有2个儿子。一天，她买了半个西瓜，一路在想怎样平均分西瓜，总也想不出好办法来。在门口，邻居刘大妈只说了3个字，王阿姨就愁眉舒展了。你知道刘大妈对王阿姨说了什么吗？

答案：榨成汁。

关系

你的妈妈的哥哥的表妹的表叔同你是什么关系？

答案：亲戚关系。

慧眼识别

有一对外表一模一样的孪生兄弟，如果硬要说他俩有何差异的话，那就是哥哥屁股上有颗痣，而弟弟没有。但是，就算这对兄弟穿上完全一样的衣服，把屁股上的差异遮掩起来，还是有人可以清楚地区别出这对兄弟是谁。究竟是哪个人有这种能耐呢？

答案：当然是两兄弟本人。

贵重的花瓶

辉辉的妈妈有一个十分贵重的花瓶，什么时候才不会担心调皮的辉

辉碰倒她心爱的花瓶？

答案：当花瓶摔破以后。

倒霉的张三

张三喝醉了，不小心撞伤了脸，回家怕太太责怪，忙去洗手间对着镜子贴上创可贴，但第二天还是被太太骂了一顿，为什么？

答案：他把创可贴贴在镜子上了。

妻管严

小松因工作需要常应酬交际，虽然每天都很早回家，但老婆还是抱怨不断。为什么？

答案：因为小松是第二天早上才回家的。

被催婚的小琴

小琴什么家务活都不会做，脾气又坏，爸爸妈妈为什么还拼命催她结婚？

答案：因为要嫁祸于人。

无用功

小项昨天花了整整一个晚上在语文课本上，但第二天妈妈还是骂她不用功，为什么？

答案：因为她用语文课本当枕头睡。

答案不同

妈妈问 5 个同样的问题，小丽都做出了正确回答，但为什么每个答案都不同？

答案：因为妈妈问的是时间——现在几点了？

207块骨头

爸爸说，每一个人的身体中有 206 块骨头，但乐乐说他有 207 块骨头。为什么？

答案：因为乐乐吃饭时，不小心吃进去一块鱼骨头。

没人发现

君君的妈妈烫了头发回家，却没有人发现，为什么？

答案：因为家里人都没有回家。

父不如子

可可的爸爸是天文学家，但对有些星的知识掌握得远不如可可多，为什么？

答案：因为可可是个“追星族”。

身无分文

一天，毛毛爸爸身无分文，但是他把毛毛喜欢的玩具带回家了。这是为什么呢？

答案：因为他爸爸是玩具店老板。

全家看电视

为什么吃完晚餐后，全家都喜欢坐在电视机前看电视？

答案：因为站久了腿会酸。

照相

小明和爸爸妈妈出外照相，为什么照片上没有爸爸？

答案：爸爸在帮他们照相。

宽容的妈妈

小强把墙壁弄黑了一大片，妈妈却不生气，为什么？

答案：因为那是小强的影子。

狼来了

一只狼向山坡上的小男孩靠近，尽管妈妈在远处喊他的名字，提醒他注意，小男孩还是被狼叼走了，为什么？

答案：因为小男孩的名字太长了，妈妈来不及喊完他的名字，他就被狼叼走了。

忘记钱包

杰克早上把钱包忘在枕头底下，尽管他有一个诚实的用人，为什么他仍会感到担心？

答案：因为用人会把钱包交给他的妻子。

上医院

宝宝没病，他妈妈却吵死吵活要带他上医院，为什么？

答案：因为宝宝要出生了。

友朋小吃

母亲带着儿子去逛街，儿子饿了，妈妈带他去“友朋小吃”那里吃东西，儿子看见了，马上逃跑了。为什么？

答案：因为他儿子把“友朋小吃”看成“吃小朋友”了。

小明看门

爸爸有事外出，嘱咐小明千万把门看住，结果家里还是被盗了，为什么？

答案：因为小明只看了门，没看窗户。

不吃饭就长大

为什么妈妈几个月都没给弟弟吃饭，而他依然健康成长？

答案：因为弟弟在妈妈肚子里。

“贪婪”的小玲

小玲捡到一个旅行团丢的几样东西，她一件也没有归还，妈妈还说她做得对，为什么？

答案：因为她捡的是垃圾。

没有色彩的世界

已经上幼儿园的月月去看望奶奶，对奶奶说：“以前的人真可怜，都生活在没有色彩的世界。”月月为什么会这么认为呢？

答案：因为月月翻看奶奶以前的照片，发现全是黑白的。

看门

妈妈叫小雨在家看门不要出去玩，为什么小雨又能出去玩还可以继续看门？

答案：他把门拆下来带走了。

不是双胞胎

两个男孩的妈妈是同一个人，并且他俩出生在同一个月同一天同一小时，可他们并不是双胞胎，这是怎么回事？

答案：他们并不出生在同一年。

由谁抚养

泰山是人猿养大的，那你知道蝙蝠侠是谁养大的吗？

答案：当然是他爸爸妈妈养大的。

一模一样

妞妞和茜茜长得一模一样，可是她们不是双胞胎，这可能吗？

答案：她们是三胞胎中的两个。

一定大

儿子的什么东西一定会比爸爸的大？

答案：出生年份。

万能裙子

有一条裙子，妈妈可以穿，奶奶可以穿，爸爸也可以穿，这是什么裙子？

答案：围裙。

放在脸盆里的书

书呆子买了一本书，但是妈妈发现那本书被放在了脸盆里，为什么？

答案：因为书呆子认为那本书太枯燥了。

Chapter 12 一年级：学校篇

3年二年级

小明的成绩不算差，却读了3年的二年级，这是怎么回事？

答案：他读了小学二年级，中学二年级，大学二年级。

回头

小刚上课经常回头看，老师见了却从来不说他，为什么？

答案：因为小刚坐在第一排，老师经常站在第二排。

就待教室

老师问小明："如果明天就是世界末日，今天你会去哪里？"小明说："我就待在教室里。"为什么？

答案：因为在教室里有度日如年的感觉。

永远13岁

萍萍初一13岁，为什么到初三还是13岁？

答案：因为是农历的初一和初三。

不满足的学生

今天上午只上半天课，学生为什么还不高兴？

答案：因为下午还有半天课。

第一名

亮亮语文和数学共考了200分，结果静静得了第一名，为什么？

答案：因为他们不在同一个班。

不及格

小张明天考试，他已经把英语背得滚瓜烂熟，第二天考试还是不及格，为什么？

答案：因为第二天不是考英语。

做值日

值日生把教室打扫得干干净净，唯独地球仪上有一块地方都是灰，这是为什么？

答案：因为这块地方是撒哈拉大沙漠。

笔芯

铅笔笔芯为什么都那么细？

答案：因为老师说写字不能粗心。

成绩下滑

小洋的功课一直在班上是第一，为什么这次却降到第三？

答案：因为有两个人的分数超过他。

仍然模糊

小明的眼睛高度近视，戴了眼镜却仍然模糊，为什么？

答案：因为他戴了没有镜片的装饰眼镜。

不会做题的小胖

期末考试，小胖一题都不会做，但他突然眼睛一亮，开始奋笔疾书，为什么？

答案：他在写班级、学号、姓名。

全黑的图画

小明在图画课上交了一张全部涂黑的图画，为什么老师还是算他及格？

答案：因为小明画的是一个黑人在半夜里抓乌鸦。

打瞌睡

为什么很多学生到早上第四节课时会打瞌睡？

答案：因为前几节课没睡饱。

上学有错

小明说："明天真的要上学。"可是老师一定要罚他，为什么？

答案：因为老师让他用"天真"造句。

抄袭

考试的时候，维维全部都抄小峻的，为什么小峻得到 100 分，维维却没有分呢？

答案：因为维维抄得太全，名字也抄成"小峻"。

不用挨批

小东上课睡觉，老师却不说他，为什么？

答案：因为老师没看见。

藏着的鸭蛋

小伟的书包里藏着一个鸭蛋，他为什么不肯拿出来交给妈妈做菜？

答案：因为那是考卷上的“大鸭蛋”。

迟到的原因

一个学生住在学校，为什么上学还经常迟到？

答案：因为她家所在的学校不是她上学的学校。

一模一样的试卷

在一次监察严密的考试中，有两个学生交了一模一样的考卷。主考官发现后，却并没有认为他们作弊，这是什么原因？

答案：因为他们都交的白卷。

教学范例

语文老师常常用晓峰的作文作为例子给学生练习，可是晓峰一点也不高兴，为什么？

答案：因为老师用晓峰的作文给学生练习改正病句。

独具慧眼

为什么老师第一次见到小宝就知道他爸爸是左撇子？

答案：因为小宝右边脸上有五道手指印。

回答提问

小强在班里学习最差，却经常回答老师提出的问题，这是为什么？

答案：老师问的是“今天讲的内容谁还没听懂啊”。

绝招失灵

大胖有个绝招，可以睁着眼睛睡觉，可是政治课上他才睡了一小会儿就被老师发现了，为什么？

答案：因为他打呼噜了。

没有标点

军军写了一篇题为《抢救亲人》的文章，老师问他为什么一个标点

符号都没有，你猜为什么？

答案：这么急的事怎么能停顿。

谁更厉害

为什么君君说老师的语文不如他？

答案：因为老师写的字他认识，他写的字老师却不认识。

理论之词

促膝而谈是什么物理理论？

答案：相对论。

没做要罚

有一件事，你明明没有做，却要受罚，这是什么事？

答案：家庭作业没有做一定要受老师罚的。

说话算数

什么人向来说话算数？

答案：数学老师。

东张西望

什么人爱在考场上东张西望？

答案：监考老师。

新来的老师

一位新来的女老师给学生上课时，同学们乱作一团。快下课时，老师只说了一句话，就让全班同学鸦雀无声，她说了什么呢？

答案：老师说“再说话就听不见下课铃了”。

值得表扬的零分

期终考试成绩下来了，平平的四门功课全是零分，老师却说比起某些同学来平平是值得表扬的。老师指的是什么？

答案：平平这次没有作弊。

不开心的100分

成绩单上的什么分得到了100分并不能使你高兴？

答案：各门功课的总分。

只错一处

你该怎么做作业才能保证错误只有一处？

答案：不做作业，这就是你唯一的错误。

彼得的宣言

彼得对同班同学肯定地说："如果系主任不收回他今天早上对我说的话，我将断然离开学校！"是什么原因使得彼得的态度如此坚决呢？

答案：系主任早上要求他退学。

珠算课

四年级三班的同学是怎样上珠算课的？

答案：各打各的算盘。

学字

学什么字时人们总是先学外国字然后学本国字？

答案：幼儿总是先学"1，2，3……"，然后学"一,二,三……"。

进化的优点

课堂上老师问大力："人类从四肢爬行进化到双腿走路，最大的优点是什么？"猜猜大力是怎样回答的？

答案：可以省双鞋。

我是中国人

在什么时候更确定自己是中国人？

答案：外语考试的时候。

没有画的画

老师叫同学们画一只小鸟，晶晶什么都没画，交给老师一张白纸，老师很气愤。但是晶晶说了一句话，使老师转怒为笑，你知道晶晶说了一句什么话吗？

答案：小鸟飞走了。

学生的回答

老师问学生："假如我病了，你们怎么办？"学生的回答是什么？

答案：放假！

上课睡觉的弊处

老师问豆豆："你知道上课睡觉有什么不好吗？"豆豆说了一句什么话，让老师哭笑不得？

答案：不如床上舒服。

下不为例

果果每次数学考试都只得到十几分，他有什么办法保证下次考试不会得到十几分？

答案：故意考零分。

我是正确答案

小凡向伙伴们吹嘘说："昨天上课的时候，老师提了一个问题，全班除了我没有一个能答对的。"你猜老师问的是什么问题？

答案：老师问"小凡，你为什么又迟到了"。

向左走，向右走

陈辉和赵硕是同桌，也是很好的朋友，还住在同一条街。他们每天一起上学，可是每天他们一出门就一个向左走，一个向右走，这是怎么回事？

答案：因为他们住对门，出了门当然一个向左、一个向右了。

无人看管

期末考试时，张大为和王晓晓在教室里小声交谈，却没有人管他们，为什么？

答案：张大为和王晓晓就是监考老师。

站着上课的小罗

小孙和同学们上课的时候都是坐着，只有小罗上课是站着的，为什么呢？

答案：因为小罗是老师。

同班

娟娟与妈妈都在一个班里上课，这是为什么？

答案：因为一个是学生，一个是老师。

全都第一

俊俊逢人便夸口说，自己班上全都是第一名的优等生。俊俊的班级并非只有一名学生，但是他也的确没有说谎，你能想象这到底是什么样的情况吗？

答案：因为这一班的学生都刚入学，而且每一个都是来自各校第一名的优等生。

一题没做

小刚的数学成绩很好，可是为什么昨晚他做了一晚上作业，却一道数学题也没做出来？

答案：因为他做的是语文作业。

提前受罚

小李的成绩单周一才会发，为什么周日晚上他就因为成绩不好被爸爸训了一顿？

答案：因为他爸爸是他的老师。

空荡荡的教室

上课铃声响了，却没有一个学生在教室里，为什么？

答案：上的是体育课。

Chapter 13　逻辑思维：逻辑篇

二人落水

船翻了，船上的两个人掉到水里，可是只有其中一人头发湿了，这是为什么？

答案：因为另一个人是秃头。

不怕饿

人们为什么在撒哈拉沙漠中不太受饥饿折磨？

答案：因为他们总是饱尝口渴的痛苦。

假牙与星星

为什么说爷爷的假牙像星星？

答案：因为它们都是晚上才出来。

自相矛盾

汤姆生下来就一直住在斯德哥尔摩，有人问他是不是在那儿住了一辈子的时候，他却回答说没有。为什么呢？

答案：他一辈子还没过完呢。

罚单

一个人开车以 55 公里每小时的速度在公路上行驶，但是他超过了三辆 60 公里每小时的车，最后他被一名警察截住并开了张罚单，为什么？

答案：他在单行道上逆行。

洗不干净的衣服

文文在洗衣服，洗了半天她的衣服还是脏的，为什么？

答案：因为她在帮别人洗衣服。

没人让座

一位老人上了车，当时车厢内客满，没有任何空位，老人就站在陈先生旁边，可是年轻的陈先生一点儿也没有让座的意思，是怎么回事呢？

答案：陈先生是司机。

脚不沾地

小王走路从来脚不沾地，这是为什么？

答案：因为他穿着鞋，当然脚不沾地了。

全身湿透

外面艳阳高照，为什么小可全身湿淋淋的？

答案：他在家里洗澡。

漏雨的屋子

一间屋子里到处都在漏雨，可是谁也没被淋湿，为什么？

答案：因为房子里面没有人。

不以为意

为什么阿发悄悄对臭皮说他裤子的拉链忘了拉，臭皮却不以为意？

答案：因为阿发说的是自己。

只看一边

玛丽过马路时，为什么先朝一边看看，又朝另一边看看？

答案：因为她不可能同时朝两边看。

“0”体重

小胖是全班最胖的孩子，称体重时指针却指向“0”，而秤并没有坏，这是怎么回事呢？

答案：因为小胖太重了，指针绕过了一圈。

勇敢的莉莉

一个月黑风高的晚上，莉莉在森林里迷了路，遇见了鬼，为什么鬼反而吓得边叫边跑？

答案：因为莉莉遇上的是胆小鬼。

刹车坏了

阿娇骑自行车上学，半路上刹车坏了，可她不但没有停车，反而更拼命地骑，这是为什么？

答案：因为上学的路是上坡。

下沉的船

海面上一艘船在下沉，眼看着就要淹没了，岸边的人却眼睁睁地看着，没有一个人报警，为什么？

答案：因为那是艘潜水艇。

打人

从飞机上掉下的东西打着人了，人却没有受伤，为什么？

答案：是跳伞的人被自己的伞打了。

眼前的百元大钞

陈先生走在路上，眼前有一张百元大钞，他明明看见了，为什么不去捡？

答案：因为那张百元大钞拿在别人手里。

时机不对

大伟在电影最精彩的时候却去上厕所，为什么？

答案：因为他没有去看电影。

不接电话

电话铃声大作，却不见小华和哥哥去接电话，这是怎么回事？

答案：因为那是电视广告。

禁止吸烟

电影院内禁止吸烟，而在剧情达到高潮时，却有一男子开始吸烟，整个银幕笼罩着烟雾。但是，没有任何一位观众出来抗议，这是为什么？

答案：因为那男子是电影里的人物。

玻璃没碎

小刚扔了块石头向玻璃砸去，玻璃却没碎，为什么？

答案：因为没砸到。

赶路

李大叔在马车上套了一匹马赶路，走了几公里路嫌太慢，又套了一匹马，可是套上这匹马后，两匹马却怎么也拉不动这辆马车，为什么？

答案：李大叔在相反的方向又套了一匹马。

没有摔伤的跳高者

有人从10米高的地方不带任何安全装置跳下却没有摔伤，为什么？

答案：因为他在跳水。

五个手指

问医生病人的情况，医生只举起5个手指，家人就哭了，是什么原因呢？

答案：因为五个指头是“三长两短”。

前面的前面

小李和小王排成一队，小李说“我前面的人是小王”，小王说“我

前面的人是小李”，怎么回事？

答案：他们面对面站着。

提前回家

小李有一次出差去办事，提早回来了，看见隔壁的小楼同自己的妻子睡在床上，小李为什么不生气？

答案：因为小楼是女的。

随手关门

小刚进入屋内为什么不随手关门？

答案：因为是自动门。

鸡蛋没破

一个球被踢进一篮鸡蛋里，为什么鸡蛋都没有破？

答案：因为那是个气球。

棉花与铁

天平的左边放了一吨棉花，右边放了一吨铁，为什么天平往左边倒了？

答案：因为下雨了。

九条命

一个人向神祈求，神大发慈悲，答应了这个人的愿望，给了他九条命。这人一天闲得无聊，心想反正有九条命，就跑到火车铁轨上躺下来，可是后来这人死后再也没复活，这是怎么回事？

答案：因为开过来的火车车厢有10节。

小李打针

小李早上到医院打了6针，为什么只有打第一针的时候才觉得痛？

答案：因为第一针打的是麻醉针。

科长生气

科长在会议上提出他的新计划时，坐在旁边的老王一个劲儿地点头，为什么科长还很生气？

答案：因为老王在打瞌睡。

一手停车

为什么10岁的小明能一只手让行驶中的汽车停下来？

答案：因为车子是出租车。

沟通无阻

刚念幼儿园的皮皮才学英文一个月，却能毫无困难地和外国人交谈，为什么？

答案：因为外国人用汉语与他交谈。

异国遇难

阿罗去夏威夷度假，结果在海边溺水，高喊救命，却没人理他，为什么？

答案：因为没人听懂中文。

书包里的钞票

小龙的爸爸看到小龙书包里塞满了钞票，却视若无睹，为什么？

答案：因为那是儿童玩具钞票。

含笑不语

一个口齿伶俐的人，为什么只看着你微笑，却怎么也讲不出话来？

答案：因为那人在照片上。

锤钉子

娜娜用锤子锤很细小的钉子，却不怕锤到自己的手，为什么？

答案：因为钉子在别人手里拿着。

不用吃药

老张一直失眠，每晚都要吃安眠药才能入睡，可是最近一阵子他不吃安眠药也睡得很踏实，为什么？

答案：他长眠了。

不关窗

外面很冷，为什么不关上窗子？

答案：因为关上窗子，外面也不会暖和。

无故漏水

天上没有下雨，平房的屋顶却漏水了，为什么？

答案：因为下雪了。

没有声音的节目

小安正在看电视。他的电视机似乎有故障了，有影像却没有声音。

但是，电视节目里的人物说话的内容，他知道得一清二楚。他以前并没有看过这个节目，当然也不会唇语，节目中也没有手语翻译。为什么他会知道呢？

答案：因为那是一部有字幕的外国片。

抛橙子

小白手拿一个橙子往窗外抛，途中那个橙子没有接触到任何对象，只穿过窗口后便回到小白的手中，请问这是为什么？

答案：因为小白把橙子往天窗抛。

不见的男女

名画家塞尚在家里装了一个特制的"画框"，到了第二天，画框内的风景没变化，但原来画上的一对男女不见了，这张画并没有被换掉。这是为什么？

答案：因为画家将窗框当作"画框"，画框中的"画"指的是窗外实际的风景。

会写英语

津津没有学过英语却会写英语，这是怎么回事？

答案：她会写"英语"这两个汉字。

游长城

外国人为什么要到中国来游长城？

答案：因为长城在中国。

《康熙字典》

小马在藏书丰富的某图书馆里，怎么也找不到宋版《康熙字典》。这是为什么？

答案：因为《康熙字典》清朝才出版。

懒虫

每当第一缕阳光射进窗户时，小月就起床了，但家里人还是叫他"懒虫"，为什么？

答案：因为小月的卧室窗户向西，他每天下午才起床。

往下跳

小周并没有背降落伞就从离地面 5000 米的地方往下跳，却安然无

恙，这是怎么回事？

答案：他从飞机椅子上跳下，人仍然在飞机上。

电扇

远看是电扇，近看也是电扇，你说它是电扇，可是它就是不转，为什么？

答案：因为没电。

屁股不痛

悠悠生了病，天天要打针。她怕痛，每次打针，都说屁股好痛好痛。这一天，妈妈又陪她去打针，这次她却说，屁股一点儿也不痛。这是为什么呢？

答案：因为这一次针是打在胳膊上的。

偶尔漏雨

静静家的房子为什么有时漏雨有时不漏呢？

答案：因为有时下雨，有时不下雨。

不能写字的笔

爸爸新买来一支笔，却不能用来写字，这是为什么？

答案：因为买的是电笔。

早起的太阳

为什么太阳天天都比人起得早？

答案：因为人比太阳睡得晚。

头发不脏了

一只小鸟在树上拉了一点屎，滴到了小丽的头上，小丽没有洗头擦头，头却不脏了，为什么？

答案：因为她把沾到屎的头发剪掉了。

肚子被踢

小丽夜里一个人睡觉时，肚子突然被人踢了一下。她醒来后，不但不惊讶喊痛，反而露出微笑。这究竟是为什么呢？

答案：因为小丽是孕妇，夜里是肚子里面的小宝宝在踢她。

满是中国人

一个人到国外去，但为什么他的身边都是中国人？

答案：是一个外国人来到了中国。

没有受伤

一个人被从几千米高空掉下来的东西砸在头上，为什么没有受伤？

答案：因为掉下来的是雪花，当然不可能受伤。

不劝架

人们观看两个人打架，却从不劝架，请问这是怎么回事？

答案：人们在看拳击比赛。

没有负伤

有一辆小汽车从桥上冲进河里，开车的人却没有受伤，为什么？

答案：因为那是一辆遥控小汽车。

最慢的最快

长跑比赛开始以后，运动员之间的距离越拉越远，其中最慢的一个人却最先到达终点，这是为什么？

答案：因为跑道是圆的。

看不见脚印

有一个人走在沙滩上，回头却看不见自己的脚印，这是怎么回事？

答案：因为他倒着走。

分不清东南西北

小明很聪明，为什么却连东南西北也分不清？

答案：因为他的眼睛被蒙住了。

平安无事

一个手无寸铁的人进了狮子笼，为什么平安无事？

答案：因为狮子笼是空的。

掉头发

麦麦才 10 岁，为什么经常掉头发？

答案：因为他经常去理发。

不攻自破

一起命案现场没有线索，也没有目击者，但警察没费吹灰之力就破案了，为什么？

答案：因为案犯自首了。

不用信封和邮票的邮件

小吉寄了一封邮件，却没用信封和邮票，这是怎么回事？

答案：因为小吉发的是电子邮件。

不入洞穴

有一个又黑又深的洞穴，传说里面藏着稀世珍宝。因此，有一个人非常好奇地前往一探，果然如传说所言，洞穴口已经留有许多人进去过的足迹。但是，这个人一看到这些足迹，立刻打消了进入洞穴的念头，急急忙忙地抽身就走。为什么？

答案：因为他只看到走进去的足迹，没看到走出来的足迹。

不能上升的气球

一个完好的氢气球并没有附加任何东西，却不能上升，为什么？

答案：因为里面只打进了一点点氢气。

纸船的价值

一只纸船却比一只铁船还贵，为什么？

答案：因为那纸船是用一张100元纸币折成的，铁船是玩具船。

无须付钱

为什么坏人坐车不用给钱呢？

答案：因为他坐的是警车。

幸运的行人

为什么威尔逊开摩托车撞到了行人要说“先生，你真走运”？

答案：因为威尔逊平时开的是大卡车。

从不刷牙

嘉嘉从来不刷牙，但也从来不牙疼，为什么？

答案：因为嘉嘉只有六个月大，还没有牙。

奇怪的乘客

飞机还没有降落，一位乘客就打开门出来了，空姐见到了，却不以为意，这是为什么？

答案：乘客从飞机上的厕所门出来了。

安然无恙

在一块平坦的草地上，一个神枪手拿枪瞄准了100米处的一个人，

那人高2米，子弹始终在离地面1米处笔直地打过去，那人并未移动，却安然无恙。这是为什么？

答案：因为那人躺在草地上。

打中帽子

老王一手拿枪，把一顶帽子挂在一个地方，闭上眼睛到处走动，走十几步开一枪，每次都能打中帽子，为什么？

答案：他将帽子挂在他的枪口上。

开水与脚

小方把一壶开水倒在脚上，脚上没穿袜子也没穿鞋，却没有被烫伤，为什么？

答案：是凉开水。

说话付钱

小张说的相声大家都喜欢听，但是，为什么他有时说话还要付钱？

答案：因为他在打电话。

客车事故

一辆客车在蜿蜒的山路上发生了事故，所有的人都受伤了，为什么小明却没事？

答案：因为小明不在车上。

戒指没湿

妈妈的戒指掉进一个盛满咖啡的杯子，却没有被弄湿，为什么？

答案：因为杯子里装的是咖啡豆。

出门丢钱

为什么哈里每次出门都要丢钱？

答案：因为他出门总是带着钱。

巧妙脱险

一个人在参观侏罗纪公园时被恐龙一口咬住，又嚼了好几下，为什么没有受伤？

答案：因为刚好塞在恐龙的牙缝里了。

拼命喝水

小胖的肚子已经撑得受不了了，为什么还要一直拼命地喝水？

答案：因为小胖掉进河里了，又不会游泳。

无药可救

有个人得的并不是绝症，医生为什么说他无药可救？

答案：因为他没钱买药。

尽管去偷

偷什么不犯法也不会招人白眼？

答案：偷笑。

发什么

人人都喜欢发奖、发工资、发礼品，那么发什么东西大家都不愿意接受？

答案：发脾气。

无法触及的痒处

如果背上痒自己抓不到可以请别人代劳，可是有一个地方痒谁也抓不到，这是哪儿？

答案：心里痒。

非两手不可

什么事很轻松，却不能用一只手去做？

答案：戴手套。

失败与成功

俗话说“失败是成功之母”，那成功是失败的什么呢？

答案：反义词。

高明骗术

有个人自以为聪明，谁也骗不了他。小胖偏要试试，对这人说：“我要骗你一次。”那人回答：“骗就骗，看你如何骗得了我。”小胖不慌不忙地说：“你稍等一会儿，我进屋准备一下。”结果小胖真的骗了这个人，你知道他用的什么办法吗？

答案：小胖进屋后就再没出来。

举起地球

小明说他能把地球举起来，他是怎么做到的？

答案：倒立。

叫什么

两个小孩在河边玩耍，突然其中一个掉进河里了，他叫约翰，剩下的那个叫什么？

答案：叫“救命”。

地上的钱

地上有100元，老王先看到，老张先捡到，请问这钱应该归谁？

答案：归失主。

债权与债务

你能用最简单的语言解释债权和债务最大的区别在哪吗？

答案：一个容易记住，一个最不容易记住。

钓鱼

下大雨的时候，在哪里钓鱼最不容易弄湿自己的衣服呢？

答案：在家里的鱼缸里。

左右开弓

你能用左手画圆圈，右手画正方形吗？

答案：能啊，先用左手画圆圈，再用右手画正方形就可以了。

水下点火

你用什么简单的物理方法让一根火柴在水下点燃？

答案：准备一杯水，再在它的下方点燃蜡烛。

总统宝座

当上总统的人，使用什么办法坐上总统宝座？

答案：用屁股。

人的两极

地球有南极和北极，电池有正极和负极，人有哪两极？

答案：积极和消极。

巧妙祝贺

用什么行动祝贺别人向死亡迈进一步，又不会让他生气？

答案：拜年、祝寿。

如何睡觉

一个人不小心后脑勺摔了一个大包，那他这天怎么睡觉？

答案：闭着眼睡觉。

差别

电脑与人脑有什么不同？

答案：电脑可以搬家，而人脑不行。

车头为重

怎样开车才不容易撞坏车头？

答案：倒着开。

笑声不同

法国人的笑声跟我们有什么不同？

答案：他们是用法语笑的。

邀请

A 君与 B 君的家均位于新型的住宅地，相距只有 100 米。此地除了这两家，还没有其他邻居，而且也没有安装电话。现在 A 君想邀请 B 君“来家里玩”，在不去 B 君家邀请的情况下，以何种方式能最早通知 B 君？

答案：他只要大声吼就可以了。

木块下沉

有一小木块浮在装水的容器中，在不把它往下压、不加重量的情况下，有办法使这小木块往下沉吗？

答案：在容器底部大洞后，木块就会往下沉。

气球上升

怎样用手使一个不会上升的气球到达最高处？

答案：把气放掉然后把气球扔上去。

动个不停

在什么情况下，你的手和嘴巴会动个不停？

答案：不会游泳，掉进河里。

最难回答的问题

当有人问你“什么问题最难回答”，你该用什么回答他？

答案：用嘴回答。

烧得长的蜡烛

红蜡烛和白蜡烛，哪种蜡烛烧得长？

答案：蜡烛只会越烧越短。

逃生

动物园里突然失火了，所有的动物都争先恐后地往外跑，你猜谁最先跑出来？

答案：游客。

倒流的水

俗话说，人往高处走，水往低处流，你知道水在什么情况下可以倒流吗？

答案：抽水的时候。

拿护照

在机场办出境手续时，才想起忘了拿护照，怎么样才能在最短的时间里拿到护照呢？

答案：打开皮包就可以拿到了。

小腿的长度

你知道一个人的小腿应该有多长？

答案：应该长到碰着地面。

不掉头发

只有一种办法使人永远不掉头发。是什么办法呢？

答案：剃光。

在家吗

小孩在一家门口玩，一人问："你妈在家吗？"小孩说："在。"此人按门铃，却无人开门。小孩未撒谎，为何？

答案：小孩说"我没说这是我家"。

不要钱

小刚到外面吃饭，为什么不要钱？

答案：因为小刚在家门外吃饭。

东西南北

你怎么区分东西南北？

答案：加顿号。

马能走

马在哪里不需要腿也能走？

答案：象棋盘上。

反方向放手

你怎样才能把你的左手全部放入你身上右边的裤袋内，而同时又把你的右手全部放入左边的裤袋内？

答案：把裤子反着穿。

空调掉落

一架空调器从楼上掉下来会变成啥器？

答案：凶器。

接水杯

小明最近在练习杂技，能够将三个玻璃杯轮流抛起再接住，小强说“这算什么，我也会。你要是能将一杯水一滴不洒地抛起来再接住才是真厉害。”小明想了想，果真做到了，你知道他是怎么做到的吗？

答案：先把杯子里的水冻成冰。

针掉了

针掉到大海怎么办？

答案：再买1根。

房子倒了

积木倒了要重搭，房子倒了要怎样？

答案：要逃命。

带球过桥

有一座桥只能承重70公斤，一个人重60公斤，他要带两个分别重10公斤的球过桥，没借用任何东西就从桥上把两个球带了过去，他是怎么过去？

答案：抛起一个球，待它要落下的时候把另一个抛起。

油轮沉没

一艘50吨的油轮沉没了，最先浮出水面的是什么？

答案：气泡。

一只皮鞋

买一双皮鞋要200元，请问一只要多少？

答案：一只不卖。

写字的手

你用左手写字还是用右手写字？

答案：用笔写字。

脚踏陆地

在茫茫大海上漂了大半年的海员，一脚踏上大陆后，接下来最想做什么事情？

答案：另一只脚也踏上陆地。

内容转达

有四个中国人，小黄、小李、小王和小张，他们一起去瑞士旅游。小黄会说拉丁语和德语，小李会说德说和法语，小王会说法语和英语，小张会说西班牙语和英语。这天他们在饭店里看到一张用拉丁语写的旅游广告，小黄读后用德语告诉了小李，可是怎样才能把广告内容告诉小王和小张呢？

答案：直接用中文就行了。

哪个痛苦

欧欧生病了，打针和吃药，哪一个比较痛苦？

答案：欧欧痛苦。

无所不“溶”

小勇有一瓶万溶胶，无论什么东西都能溶化，这可能吗？

答案：不可能，因为容器溶化就装不了胶。

停电

晚上停电时你在哪里？

答案：黑暗中。

光明还是爆炸

在一次宇宙旅行中，太空人来到了一个奇怪的星球，上面只有一种气体——氢气。由于光线太暗，太空人想点燃打火机照明，可是有人阻止他。如果他点燃打火机后，是带来光明还是引起爆炸？

答案：既不会带来光明，也不会引起爆炸。因为没有氧气。

人的来源

街上那么多的人是从哪儿来的？

答案：各自的家里。

牛头在左

有座黄牛石雕，牛头在斌斌的左边。现在斌斌迫切希望牛头能在自己的右边，但又无法移动如此沉重的石雕。你说斌斌应该怎么办？

答案：斌斌自己走到另一边去即可。

万里长城的起点

万里长城是从哪里开始的？

答案：从“万”字开始的。

一字之别

遗照与玉照有什么不同？

答案：遗照是最后一张玉照。

化妆品的作用

化妆品可以使女人的脸变得美丽，可是会使哪些人的脸变得非常难看？

答案：付钱的男人。

不用钥匙

小马回家忘了带钥匙，但还是进去了，他是怎么进去的呢？

答案：因为有人开门。

罗马数里的“零”

在罗马数字中，“零”该怎么写？

答案：罗马数字没有“零”。

解决办法

生米煮成熟饭怎么办？

答案：吃掉。

病人的病

医生问一个病人问题，病人总是先拍几下脑袋才回答，这个病人有什么病吗？

答案：他有爱拍脑袋的毛病。

身份证

如果不小心把身份证弄掉了怎么办？

答案：捡起来。

无法晕车

不晕车的最好方法是什么？

答案：走路。

最先掉下的东西

飞机在天上飞，突然没油了，什么东西先掉下来？

答案：油量表指针。

是公是母

小芬被蚊子咬了两个包，比较大的那个包是公蚊子咬的，还是母蚊子咬的？

答案：母蚊子，因为公蚊子不咬人。

不用手

在不能用手的情况下，怎样才能把桌上的一碗面吃完？

答案：用筷子。

牙齿的颜色

黑人和白人结婚生下的婴儿的牙齿是什么颜色的？

答案：婴儿没有牙齿。

没有声音的音响

小王买了一台新音响，电源开了，光盘也放了，却没有声音，究竟是哪儿出问题了呢？

答案：停电了。

进入白宫的方法

美国历届总统都是怎么进入白宫的？

答案：从大门走进去。

北京到巴黎的价钱

想从北京到巴黎，要多少钱？

答案：不要钱，因为只是想一想。

刷牙吹口哨

小杜一边刷牙，一边悠闲地吹着口哨，她是怎么做到的？

答案：刷假牙。

所在何处

乘飞机从北京去深圳，飞机飞了 1 个小时的时候在哪里？

答案：在空中。

被打

你妈妈小时候有没有打过你？

答案：没有，你妈妈小时候怎么可能打得到你，那时你还没出世呢！

拒之门外

乐乐是个讲礼貌的孩子，可是什么时候有人敲门，他绝不会说请进呢？

答案：在厕所里。

脚不沾水

有一条 50 米深的河，河上没有桥，可是一位女同学脚没有沾水就从河面上过去了。她是怎么过去的？

答案：她是坐船过去的。

有能为力的小狗

一根 2 米长的绳子将一只小狗拴在树干上，小狗虽贪婪地看着地上离它 2.1 米远的一块骨头，却够不着。它该用什么方法来抓骨头呢？

答案：转过身来用后腿抓。

知错却不能改

知错就改是好习惯，可是做了什么事后，知错却不能改？

答案：考试时交出卷子后才知道某处错了。

字母

请问英语有多少个字母？

答案："英语"中没有字母，是中文。

最先做的事

你每天做作业时先做什么？

答案：先打开本子。

不说话

你在 1 年半的时间都不说话，这段时间你在干什么？

答案：刚出生不会说话只会哭。

只有一只右手

一对健康的夫妇很不注意计划生育，生了三个孩子，这三个孩子都只有一只右手，为什么？

答案：谁都只有一只右手。

无法出嫁的梅丽

梅丽决定在这年夏天找个最早向她求婚的男友成婚。可是直到这年秋天，朋友听梅丽说，已经有人连续 40 多次求她结婚，却不见梅丽小姐有准备结婚的动作。这事听来十分矛盾，而且梅丽小姐也从来没有改变过结婚的决心。这到底是怎么回事呢？

答案：因为央求梅丽小姐结婚的，是她的爸妈而非男友。

不被淋湿

三个人共撑一把伞在街上走，却没有淋湿身体，为什么？

答案：因为没有下雨。

行走无阻

娜娜走在路上，没有任何灯光，也没有月光，为什么她还能看到远处的东西？

答案：因为是在白天。

全身湿透

为什么小和穿着全新的、没有破洞的雨衣，却依然弄得全身湿透？

答案：因为他在太阳底下穿着雨衣走路，热得全身流汗。

微笑以待

有人冲宁宁喊“不许动”，宁宁却还一直微笑，这是为什么？

答案：因为他在照相。

不放书签

瑞瑞看书的时候，为什么不能把书签放在 175 页和 176 页之间？

答案：因为 175 页和 176 页在同一张纸上。

不会受伤

有一个人从 15 层大楼的窗户跳下去，可是他并没有受伤，这是怎么回事？

答案：虽然建筑是 15 层的大楼，但没有说从哪一层的窗户往下跳。

可以从15层大楼的第一层的窗户往下跳，当然不会受伤。

收入不高

今天，卖报的三毛卖了100份定价5毛的报纸，但只收入几毛钱，为什么？

答案：因为他卖的是旧报纸。

被撕破的东西

小凯花了200元买了一样东西，被一个陌生人撕破了，但他一点也不生气，这是为什么？

答案：因为小凯买的是演唱会的入场券。

定期报到

小水骨瘦如柴，患有胃病，可是他每周要去两次眼科医院。请问这是为什么？

答案：他是个眼科医生，他在眼科医院每周出诊两次。

喂什么与为什么

一个农夫买了一头牛，这头牛有两只耳朵、四条腿，还有一条尾巴，请问喂什么？

答案：当然是喂草了（可能听的人会把“喂什么”听成“为什么”，而在千方百计地想“为什么这头牛有两只耳朵、四条腿，还有一条尾巴”）。

金鱼的食量

王老板养了一些红金鱼和一些黑金鱼，他发现红金鱼吃掉的鱼食是黑金鱼的2倍，这是什么原因？

答案：因为红金鱼的数量是黑金鱼的2倍。

无法站立

小江可以金鸡独立地站两个小时以上，为什么双脚却无法在一张报纸上站一分钟？

答案：因为报纸贴在墙上。

减掉的体重

耿女士不断抱怨自己体重每天增加，怎么节食也减不下来，可是有一天她的体重一下子减少了5斤多。这是怎么回事？

答案：因为在那一天她生下了一个5斤多的婴儿。

只在白天贪玩

白天，孩子为什么总是贪玩？

答案：因为晚上要睡觉，没时间玩。

都可上车

公共汽车来了，第一位穿长裙的女孩投了4元，司机让她上车，第二位穿迷你裙的女孩投了2元，司机也让她上车，第三位女孩没投钱，司机照样让她上车，为什么？

答案：第三位女孩用的公交卡。

救生圈上的洞

一个橡皮救生圈有个洞，为什么阿强还拿这个救生圈去游泳？

答案：那个洞是气孔。

不准进入

小芸去超级市场买东西，当时正是营业时间，保安却在门口拦住她不让进，为什么？

答案：因为那是出口。

永恒的象征

为什么结婚戒指象征着永恒？

答案：因为它没有头，也没有尾。

第几层

盖楼要从第几层开始盖？

答案：从地基开始。

婴儿与成人

婴儿是最无力、最需要保护的，可是你知道什么事婴儿能做而成人不能做？

答案：在摇篮内安睡。

密室逃生

假设你准备在一间隔音的浴室里洗澡，浴室没有窗户，只有一扇门，门一旦关上就自动锁起来，从外面才能打开。你关上门，打开浴缸的水龙头。突然你发觉水龙头不对劲，怎么关也关不上！怎么办？高声呼救，没人听得见，因为墙壁都是隔音的；出也出不去，因为门是从外面锁住的，你怎样做才不会被淹死？

答案：把排水处的塞子拔起来就行了。

独立宣言

伟大的独立宣言是在哪里签的？

答案：在文件末尾。

奔跑冠军

在热带雨林中，奔跑速度最快的动物是猎豹吗？

答案：不是，热带雨林没有猎豹。

巧摆正方形

晓彤说她只用两根火柴就能在桌上摆出一个正方形，你相信吗？

答案：能，把火柴放在桌角就行。

获奖作品

阿罗向朋友吹嘘自己写的小说能得诺贝尔文学奖，你知道他写的什么小说吗？

答案：幻想小说。

迅速致富

一个人想在一夜之间变成百万富翁，他该怎么办？

答案：做梦。

奇怪的病

一个人生病了，用手摸脸，疼；摸头，疼；摸耳朵，也疼。他到底是什么病？

答案：手指骨折。

先捡哪张

地上掉了一张 5 元的和一张 50 元的钞票，你看见了会捡哪一张？

答案：两张都捡。

所见最多

如果你乘豪华游轮去太平洋上，见得最多的是什么？

答案：水。

Chapter 14 万物生：百科篇

最受欢迎的水

如今水资源越来越宝贵，人们见到什么水最开心？

答案：薪水。

最安全

杂技演员走什么线最安全？

答案：斑马线。

最难的题

世界上最难的一道题是哪道题？

答案：这道题。

最小的车

什么能载人的车最小？

答案：滑板车。

最可怕

什么样的钉子最可怕？

答案：眼中钉。

最经煮

世界上什么东西最经煮？

答案：媳妇。因为多年的媳妇熬成婆。

世界通用

汉语是世界上使用人数最多的语言，那你知道什么话世界通用吗？

答案：电话。

最鲜

什么汤最鲜？

答案：鱼汤和羊汤。因为鱼羊鲜。

最受欢迎的杯

什么杯不能装水，但很多人都想得到它？

答案：奖杯。

最大的城市

全世界最大的城市在哪儿？

答案：一定在地图上。

人口最多

世界上哪个国家人口最多？

答案：联合国。

最难作弊

学生参加什么样的考试最难作弊？

答案：口试，例如考英语口试。

最便宜的住所

如今全国各地的房价都在上涨，你知道最便宜的住所在哪儿吗？

答案：牢房。

最讨厌

人们最不喜欢过什么年？

答案：晚年。

最易破

什么牛皮最容易被戳破？

答案：吹牛皮。

吊胃口

什么书最吊人胃口？

答案：菜谱。

最坚固

世界上最坚固的琴是什么琴？

答案：钢琴。

森林里最多

森林里什么东西最多？

答案：树叶。

世界第一大

世界上什么东西最大？

答案：眼皮。因为只要把眼一闭，全世界都被它遮住了。

容纳万物

能把世界上所有景物都装进去的球是什么球？

答案：眼球。

让它动

什么球你最爱让它动？

答案：眼球。

花朵大力士

什么花力气最大？

答案：牵牛花。

最怕中断

老师和家长教导我们做事不能半途而废，你知道人们做什么事最怕中断吗？

答案：呼吸。

最值得打破的东西

把什么东西打破了不会受到处分，反而会得到奖励？

答案：纪录。

最好看

什么光最好看？

答案：风光。

最渴望

人们最希望得到什么果？

答案：成果。

最宝贵

什么篮子装的东西最宝贵？

答案：摇篮。

箭之最

什么箭最大？

答案：火箭。

最小星

太空中什么星最小？

答案：人造卫星。

最干净

小明在拖地，你能告诉他用什么拖地最干净吗？

答案：用力。

最猛的雨

瓢泼大雨、狂风暴雨时，人们都不愿意出门，你知道什么雨大到可以淋死人吗？

答案：枪林弹雨。

最热闹

但凡开会总是有很多人，你知道什么会最热闹吗？

答案：演唱会。

最认真

妈妈说小宝看电视时目不转睛，非常认真，你知道人们看什么最认真吗？

答案：视力检查表。

千万别忘

独居者去商店买东西时，最重要的是带什么？

答案：钥匙。

废品制造

最方便制造的废品是什么？

答案：废话。

随处可见

沙漠中最常见的是什么？

答案：沙子。

最隐蔽

什么东西最怕在光天化日之下见人？

答案：没有曝光的胶卷。

烧得多

什么草被烧得最多？

答案：烟草。

车厢最少

哪种火车车厢最少？

答案：救火车。

不敢走

什么路人们最不敢往上走？

答案：绝路。

天敌

世界拳击冠军最容易被什么击倒？

答案：瞌睡虫。

不翼而飞

什么贵重的东西最容易“不翼而飞”？

答案：人造卫星。

找不到的裂纹

什么东西破裂之后，即使最精密的仪器也找不到裂纹？

答案：感情。

最轻

能把整个房间充满，重量又最轻的，是什么？

答案：空气。

最长的腿

金、木、水、火、土，谁的腿最长？

答案：火，因为火腿肠（长）。

最长的东西

大象的什么东西最长？

答案：血管。

走得最远的东西

地球上什么东西每天要走的距离最远？

答案：地球，自转一周。

最安全的地方

地震的时候什么地方最安全？

答案：飞机上。

最近的地方

离你最近的地方是哪儿？

答案：脚下。

最恐惧

人最怕屁股上有什么东西？

答案：一屁股的债。

最近

什么球离你最近？

答案：地球。

最危险

什么票最危险？

答案：绑票。

价值

什么票最值钱也最不值钱？

答案：股票。

跑最快

什么老鼠跑得最快？

答案：看见猫的老鼠。

容易满足

什么东西最容易满足？

答案：袜子。

最沉重

什么东西力气再大也扛不起？

答案：罪名。

毛病最多

什么书中毛病最多？

答案：医学书。

最香的书

有个成语叫“书香门第”，你知道什么书最香吗？

答案：菜谱。

最模糊

最多人看不清楚的花是什么花？

答案：眼花。

最值钱

最具有经济价值的瓜类是哪一种？

答案：南瓜，可以变成灰姑娘的马车。

最多的珠

世界上什么珠最多？

答案：露珠。

最后一颗牙

最后出现的牙是哪颗牙？

答案：假牙。

动摇不定

做事情最好是持之以恒，你知道干什么事情最爱动摇吗？

答案：扇扇子。

最善变

什么东西见到不同的人就会变脸？

答案：镜子。

最难写

有一种作品，任何著名的作家都写不出来，是什么作品？

答案：处女作，著名作家写处女作的时候都还没出名呢。

最迷人

什么“精”男女一起迷？

答案：酒精。

最无力

力气最小的花是什么？

答案：茉莉花。好一朵美丽（没力）的茉莉花。

最长

世界上什么东西最长？

答案：时间最长。

最完美

人一生最完美的履历写在什么地方？

答案：追悼会上。

最新鲜

小贝的妈妈从市场上买回来一种鱼，无论放多长时间也不会臭，这是什么鱼？

答案：木鱼。

最大的土豆

全世界最大的土豆长在什么地方？

答案：长在土里。

最有效

要挤车时，用什么东西装葡萄最好？

答案：用嘴。

最怕遇见

爸爸带着妈妈和你一起去旅行，不让什么人看到最好？

答案：小偷。

水最多

什么房子里的水最多？

答案：被水淹的房子。

最靠不住

什么东西要用时最靠不住？

答案：断了椅背的椅子。

最有用

什么票既能坐公交车又能进公园？

答案：钞票。

最野蛮

什么调味品最具有暴力倾向？

答案：老抽酱油。

最喜爱的礼物

情人卡、生日卡、圣诞卡，到底要寄什么卡给女朋友，最能博得她的欢心呢？

答案：信用卡。

最易改变

三姐妹在一起讨论各种感情，大姐最重视亲情，二姐最重视爱情，三姐最重视友情，那么什么情最容易变呢？

答案：表情。

最怕水的树

有的植物喜旱，比如仙人掌，你知道什么树最怕水吗？

答案：水彩画上的树，遇到水就会消失。

最无私

什么东西改正别人错误的同时牺牲了自己？

答案：橡皮擦。

最辛苦

什么东西天天东奔西跑？

答案：太阳。

绝症

吸血鬼最怕得什么病？

答案：蛀牙。

白字最多

什么报上白字最多？

答案：黑板报。

最受欢迎的布

俄罗斯妇女十分讲究布料的档次，你知道她们最喜欢哪一种布吗？

答案：卢布。

最委屈

什么东西出力不讨好，干了活却还要挨捶？

答案：钉子。

最霸道

什么东西最爱压人？

答案：帽子。

爬得最快

爬什么梯的人爬得最快？

答案：救火车上的梯子。

风气最好

什么地方的风气最好？

答案：一流的冷气机和空调制造厂。

经常被咬

人咬什么东西最多？

答案：自己的牙齿。

江里最多

上海黄浦江里什么东西最多？

答案：水。

最小的海

世界上最小的海是什么海？

答案：脑海。

变化最快

什么水放在盆里变化最快？

答案：热水，热水一变冷就不是热水了。

最怕被摸

什么牌子的汽车最讨厌别人摸？

答案：宝马 BMW（别摸我）。

最瘦

什么东西瘦得皮包骨头？

答案：伞。

不愿涉足

人们最不喜欢上的地方是什么地方？

答案：上当，没人喜欢上当。

最薄也最重

什么东西比纸还薄却没人能拿动？

答案：影子。

巨大飞行器

你乘坐过最大的会飞的东西是什么？

答案：地球。

最紧张

人们吃什么东西最紧张？

答案：吃惊。

身不由己

世间之事十有八九不如意，人们做什么事情最身不由己？

答案：做梦、打寒战。

最大

什么头最大？

答案：前头，前头的东西可以是无限量大的。

超级模仿秀

红、橙、黄、绿、青、蓝、紫各种颜色当中，什么颜色最会模仿？

答案：红色，因为红磨坊（模仿）。

世界通用

英语是全世界使用范围最广的语言，你知道什么字全世界通用吗？

答案：阿拉伯数字。

最怕丢

什么东西是所有人都最怕弄丢的？

答案：丢人。

逆天而行

世界上谁的胆子最大，专门和老天爷唱反调？

答案：空调。

讨厌的鞋

高跟鞋、草鞋、雨鞋，人们最不爱穿的是什么鞋？

答案：小鞋。

吸引力之王

什么东西总是能够牢牢吸引你，使你无法离开？

答案：地球。

扫兴的食物

吃什么东西最让人扫兴？

答案：吃闭门羹。

人数最少

海军、空军、陆军里，什么军人数最少？

答案：各种比赛的冠军。

恐怖的井

世界上有水井、油井，什么样的井最让人害怕？

答案：陷阱。

死亡率最高的地方

全世界死亡率最高的地方在哪儿？

答案：在病床上。

最后的书

著名作家写的最后一部书是什么书？

答案：遗书。

最冤枉

谁没有任何罪过，却被终身监禁？

答案：动物园里的动物。

人口之最

世界上有许多人口大国，你知道人口最密集的地方是哪里吗？

答案：派出所的户籍室里。

谁的嘴最大

猫的种类成千上万，你知道世界上什么猫的嘴最大吗？

答案：机器猫。

最高温

一般来说，越靠近赤道的地方温度越高，你知道地球上什么地方温度最高吗？

答案：地球的中心。

哪里最冷

炎热的夏天里，广州最冷的地方是哪儿？

答案：冰箱里。

不愿去办

什么事情人们最不愿意去办？

答案：办不了的事情。

最后一辆车

汽车已经成为日常生活中不可缺少的一部分，每个人一生中坐过的最后一辆车是什么车？

答案：灵车。

最高之处

森林里有成千上万种植物和动物，一个人站在森林里抬头看见最高的会是什么？

答案：天空。

最爱说的字

人们在生活中最爱说的三个字是什么？

答案：不知道。

事故为零

交通日益发达的今天，车祸事故也越来越频繁，你知道什么车最不可能发生车祸吗？

答案：灵车。

最冷酷

世界上最冷酷的人在哪里？

答案：在太平间。

最好的礼物

过节发什么大家最高兴？

答案：发财。

最大的池

游泳池、天池、瑶池等，什么池最大？

答案：城池。

最昂贵

最贵的帖子是什么？

答案：请帖。

爱饮料

夏天哪种动物最爱喝饮料？

答案：蚊子。

爱射击

哪种动物最爱射击？

答案：猫头鹰，总是睁一只眼闭一只眼。

最繁忙

一年四季哪个季节最繁忙？

答案：秋季，因为是多事之秋。

最赚钱

哪一种写作最赚钱？

答案：勒索信。

不聪明

做什么工作的人不聪明？

答案：渔（愚）人。

皇帝赐死

君要臣死，是哪个网站的名字？

答案：Facebook（非死不可）。

富二代

家里有钱的学生叫什么？

答案：高才生。

方言

四川话不易学，是哪一首诗的名字？

答案：蜀道难（四川为“蜀”，话为“道”，不易学为“难”）。

“花”样百出

什么花很快就不见了？

答案：烟花。

什么花不能踩？

答案：火花。

什么花脸上挂？

答案：泪花。

什么花通常夏天是冰冷的，冬天是温热的？

答案：豆花。

什么花最开心？

答案：有钱花。

动物医生

什么动物会打针？

答案：蚊子。

什么动物会捏药丸？

答案：屎壳郎。

光的罪

什么黑家伙是由光造成的？

答案：影子。

拿走变大

什么东西你拿走越多，反而越大？

答案：洞。

不会枯竭

什么水永远用不完？

答案：泪水。

看不见和经常走

什么样的门看不见，却有很多人经常走？

答案：后门。

有头无脚

有个东西很常见，有头无脚，这是什么？

答案：砖头。

很快回来

什么东西用完了很快会回来？

答案：力气。

冬天可见

什么东西春夏秋冬都有，但只有冬天才能看见？

答案：呼吸。

不上战场

什么将从来没上过战场？

答案：麻将。

只有头

一头牛没有身子只有头叫什么？

答案：牛头。

躺下变小

什么东西一躺下就会变小？

答案：11，躺下就变成二。

停电之后

晚上突然停电时，人们通常会先摸什么？

答案：摸黑。

行业

牙医最喜欢什么行业？

答案：糖果制造业。

用到老

什么表人们会从儿童时期用到老？

答案：乘法口诀表。

经常弄丢

什么东西你经常弄丢了却不知道？

答案：头发。

掉地张嘴

什么东西掉到地上就张开嘴？

答案：瓜子。

你知我知他不知

有一种东西，买的人知道，卖的人也知道，只有用的人不知道，是什么东西？

答案：棺材。

轻而易举

偷什么东西既不用动脑筋，又最省力？

答案：偷懒。

不累

拖什么东西一点儿也不累？

答案：拖鞋。

矛盾的物体

有一个东西千疮百孔，却又不间断；它像钢铁一样结实，但却永远立不起来，这是什么？

答案：铁链。

情有可原

为了自己的健康而污染空气的行为是什么？

答案：放屁。

不能戴的珠子

很多漂亮的项链都是用珠子穿成的，你知道什么珠子不能戴吗？

答案：泪珠。

先到一步

无论你走得多么快，什么东西总是比你先到家？

答案：钥匙。

抖擞精神的椅子

人坐在椅子上是为了休息，坐什么椅子可以让人精神抖擞？

答案：电椅。

治疗厌食

现在许多小孩都不爱吃饭，你知道什么可以治疗食欲不振吗？

答案：饥饿。

变聪明

多吃核桃可以变聪明，那喝什么东西可以变聪明？

答案：墨水。

越长越害怕

除了长青春痘，还有什么东西越长越让人害怕？

答案：物价。

地球的模样

如果有一天你来到火星上，从火星上看地球会像什么？

答案：星星。

不被淹死

不会游泳的人掉进什么海，即使没有救生圈也不会被淹死？

答案：人海。

谎言

人人都痛恨欺骗，什么时候被骗反而让人高兴？

答案：祝寿时别人祝你长寿。

肮脏的爱好

什么东西越脏越来劲？

答案：吸尘器。

见面之物

什么东西不是人但可以见面？

答案：镜子。

终生挨打

万物生而平等，然而什么东西生来就是挨打的？

答案：鼓。

写书的规矩

行行都有规矩，写书的规矩是什么？

答案：书法。

聪明的秘诀

据说常吃鱼可以变聪明，你知道常用什么可以聪明吗？

答案：脑子。

热心肠

什么东西外表冷、心里热？

答案：热水瓶。

无法住人

除了危房，什么样的楼不能住人？

答案：海市蜃楼。

不浇水的花

花儿需要水分的滋养，你知道什么花千万不能用水浇吗？

答案：烟花。

借口

懦弱者常为自己失败寻找的借口是什么？

答案：命运。

看不清

写在纸上的字颜色越淡越模糊，那么越浓越难以看见的是什么？

答案：黑暗。

少有人碰的球

有一个球，人人都见过，但只有个别人碰过，那是什么球？

答案：月球。

无枝之花

什么花一开开得遍地都是，却没有花枝？

答案：雪花。

隐形之物

每个人每天都在制造却又看不见的是什么？

答案：声音。

无法损坏的线

什么线剪不断、烧不坏？

答案：视线。

立即销毁

花钱买来的东西通常都会很珍惜，那么买来就是为了销毁它的东西是什么？

答案：鞭炮。

孔里装水

有件东西，浑身是孔，但倒下去的水不会马上流走，这是什么？

答案：海绵。

统一行动

今晚 9 点钟，所有人都在干同一件事，你知道是什么吗？

答案：呼吸。

烧不着的火

什么火燃得再旺也不能烧东西？

答案：怒火。

共同之物

天上和人间都有的东西是什么？

答案：太阳。

无人居住

什么样的房子不能住人？

答案：蜂房。

不用手做

失去双手的人做起事来会很不方便，然而有些事情恰恰不能动手做，是什么？

答案：心事。

横行霸道的车

什么车功能强大，不但可以直着行走还可以横着行走？

答案：象棋里的“车”。

长尾穿衣

什么东西一长尾巴就穿衣？

答案：针。

神秘的事物

什么东西没有嘴却能发出声音，没有手却打得人生疼，没有脚却能跑遍天涯海角，还没出现就过去了。

答案：风。

用即不用

要用的时候不用，不用的时候就用的东西是什么？

答案：盖子。

不电人

什么“电”从来不电人？

答案：贺电。

可以测量

什么东西没有高度、宽度、长度，却仍然可以测量？

答案：温度。

小鸡吃米

玉皇大帝设了一座10丈高的米山，让一只小鸡啄食，等到小鸡把米山吃完就满足它一个愿望，什么米小鸡永远吃不完？

答案：毫米、厘米、立方米、平方米。

无法开关

什么门是打不开也关不上的？

答案：球门。

坏人的住所

有一个地方，警察知道那里有很多坏人，却不对其进行搜查，为什么？

答案：那是监狱。

因人而异

有一个东西，是青年人的少年期，是中年人的青年期，老年人的整个过去，它是什么？

答案：昨天。

不能打伞

下雨天不能打什么伞？

答案：降落伞。

奇妙之物

看起来不存在，但是你触摸的时候却能感觉到——很像冰块却不会融化，很像水却不能流动，这个是什么呢？

答案：玻璃。

没头没手的怪物

有一个这样的东西：有一个脖子，但没有脑袋，有两只手臂，却没有手，这个东西是什么？

答案：衬衫。

走遍天下

什么东西待在角落里不动，却能走遍全世界？

答案：邮票。

抓什么

老鹰除了抓小鸡，抓什么东西最多？

答案：树枝。

一脚站一脚走

什么东西工作时一只脚站着，一只脚走着？

答案：圆规。

诡异的声音

什么声音就在你的身边，你却怎么也听不见？

答案：自己打呼噜的声音。

晒不干、能吹干

什么东西太阳晒不干，风却能吹干？

答案：汗水。

死后跳舞

什么东西刚死去就跳起了舞？

答案：落叶。

变幻莫测

什么东西摇摇晃晃，三个变五个，五个变一片。

答案：风扇。

有叶无根

什么东西有无数的“叶”却没有根？

答案：书。

不离床

什么东西日夜奔跑却不离开自己的床？

答案：河水。

拍照不笑

拍什么照片没有人会笑？

答案：X 光照片。

瞒天过海

什么东西能瞒天过海？

答案：潜水艇。

只进不出

有个地方，无论是谁都只能进不能出，这是什么地方？

答案：坟墓。

两个面

什么立体图形只有两个面？

答案：圆锥体。

同样重要

什么东西和眼睛一样重要？

答案：光，没有光，有眼睛也看不见东西。

边烧边吃

什么东西不能生吃也不能熟吃，必须边烧边吃？

答案：香烟。

不断改变

什么东西的牙每天都在发生变化？

答案：月牙。

不觉枯燥

什么书无论什么时候读都不会觉得枯燥？

答案：《海底两万里》（都是水）。

万物失色

什么东西能令万物黯然失色？

答案：云，因为可以遮住阳光。

查不到的字

打开厚厚的《康熙字典》，你永远查不到的字是什么字？

答案：外国文字。

不能做饭

什么锅背回家不能做饭？

答案：黑锅。

盆的名字

洗脸的叫脸盆，那洗手的叫什么？

答案：金盆，金盆洗手。

处女作

在情人脸上发表的处女作是什么？

答案：初吻。

无法翻越

什么山即使最勇于攀登的人也永远翻不过去？

答案：书山。

吃前不洗

如今人们讲卫生，吃东西之前都要先洗干净，你知道吃什么东西之前不用洗也不能洗吗？

答案：吃冰棍。

冰起来更香

很多东西拿来煮都会有各式各样的香味，所以烹调一向都是很有讲究。相反的，有个东西拿去冰起来的话反而会更香。请问是什么？

答案：电冰箱（香）。

吃不饱

什么东西人们在不停地吃它，却永远吃不饱。

答案：空气。

没水没土

什么地方有海有河没有水，有山有地没有土？

答案：地图。

不能说

什么语谁也不能说出口？

答案：哑语（手语）。

保护好

什么蛋人们一定要保护好？

答案：脸蛋。

两人共用

什么盘人们总是喜欢两个人一起用？

答案：棋盘。

洗好不吃

什么东西洗好了却不能吃？

答案：扑克牌。

毫无阻碍

什么东西满屋走，但碰不着物件？

答案：声音。

尖刺

什么东西人们喜欢拿它刺自己？

答案：牙签。

没有价值

什么东西没有价值但大家又很喜欢？

答案：无价之宝。

不能交换的东西

什么东西你有，别人也有，虽然是身外之物，却不能交换？

答案：姓名。

有腿不会走

什么东西有四条腿，一个背，却不会走路？

答案：椅子。

无头无尾

什么东西既没有开始，没有结尾，也没有中间？

答案：圆环。

花钱

什么东西你没花钱就得到了，花了钱反而没有了？

答案：病，花钱治好就没了。

没人管的车

什么车是不受交通规则限制横冲直撞的？

答案：碰碰车。

穿透墙壁

有一个古老的发明，在世界的许多地区仍然被使用，这个发明可以让人透过墙壁看到东西，它是什么？

答案：窗户。

知道就不要

什么东西这么奇怪，你若有也不会说出来，你若接受肯定不知道，你若知道肯定不会要？

答案：伪钞。

不能吞

什么东西可以洗，不能晒，可以吃，不能吞？

答案：麻将。

等待明天

什么东西可以给你用来等待明天？

答案：枕头和床。

只在晚上可见

什么东西晚上才看得见尾巴呢？

答案：流星。

日期相同

制造日期与有效日期是同一天的产品是什么？

答案：日报。

看不到摸得到

什么东西是看不到但却触摸得到，万一摸不到便会吓到人？

答案：脉搏。

只印一份

什么报只印一份？

答案：电报。

旧的好

什么东西越旧越好？

答案：古董。

见者有份

什么东西谁也没办法独自占有，而是见者有份？

答案：阳光。

比乌鸦讨厌

什么东西比乌鸦更讨厌？

答案：乌鸦嘴。

五个头

什么东西有五个头但是人们都不觉得它奇怪？

答案：手有五个手指头。

外强中干

什么东西像大象一样大，但是毫无重量？

答案：大象的影子。

没有水的池

池是用来装水的，可是有一种池里没有水，那是什么池？

答案：电池。

好心的机构

最希望我们一生平安的是什么机构？

答案：保险公司。

最受欢迎的树

就连最不热爱植物的人也想在自家院子里栽一棵树，这是什么树？

答案：摇钱树。

何以解忧

人心情不好的时候最喜欢找什么？

答案：找碴儿。

水做的桥

有石桥，也有木桥，那么什么桥是用水做的？

答案：彩虹桥。

一起飞

什么东西最爱一起飞？

答案：灰尘。

内外皆失

什么东西既不在屋内又不在屋外？

答案：窗户。

越洗越小

什么东西越洗越小？

答案：肥皂。

热缩冷胀

什么东西会热缩冷胀？

答案：冰柱。

咬而不坏

什么东西人们经常咬，却不想把它咬坏？

答案：筷子。

摇头鞠躬

什么东西最爱摇头和鞠躬？

答案：不倒翁。

人数最多

在什么学校上过学的人数最多？

答案：母校。

咬衣服

什么东西专门咬衣服？

答案：衣夹子。

大小多少

什么东西上面少、下面多，少的却比多的大，多的却比少的小？

答案：算盘。

可以移动的山和海

除了愚公移山，你知道什么样的山和海可以移动吗？

答案：人山人海。

不坐板凳

什么样的板凳坐着最不舒服？

答案：冷板凳。

从不单独卖的书

有一种书从不单独卖给别人，并且也不是捆绑销售行为，你知道它是什么书吗？

答案：说明书。

弟弟

USA的弟弟是谁？

答案：USB。

不转的轮胎

汽车在右转弯时，哪一个轮胎不转？

答案：备用轮胎。

Chapter 15 我为数字狂：数字篇

总数12

一个人有一个，全国13亿人只有12个，这东西是什么呢？

答案：十二生肖。

5=？

在一种特殊的运算规则下，1＝5，2＝15，3＝215，4＝2145，那么5＝？

答案：5＝1，因为1＝5。

树的高度

有一棵树每年增高一倍，10年以后达到它最高的高度，请问这棵树在第几年时能达到最高高度的一半？

答案：第九年。

馒头

盆里有6个馒头，6个小朋友每人分到1个，但盆里还留着1个，为什么？

答案：最后一个小朋友把盆子一起拿走了。

比4大

2和2在什么情况下能比4大？

答案：当它们组成22时。

谁是第一名

期末考试，乐乐考了97分，佳佳考了98分，但他俩都是第一名，为什么？

答案：他俩不在一个班。

吃蛋糕

一向爱吃蛋糕的妞妞，为什么今天连1/4块蛋糕都不想吃呢？

答案：因为她刚吃完另外3/4块蛋糕。

拒绝第三

第三名又叫“季军”，什么情况下人们害怕得到第三名？

答案：只有三个人参加比赛的时候。

锯竹竿

10 根竹竿因为太长而无法装运，若将每根竹竿都锯成 3 段，已知锯一处用时 2 分钟，那么全部锯完要多少分钟？

答案：40 分钟，每根竹竿锯两处，共计 20 处。

次数相同

有两个棋友在一天中共下了 9 盘棋，在没有和局的情况下他俩赢的次数相同，这是怎么一回事？

答案：他们下的 9 盘棋中，不都是他们俩之间下的。

究竟几人

一人加三人不是四人，是什么人？

答案：是众人（众有三个人，再加一个人）。

数字与工作

小强很讨厌数学，却找了一份整天和数字打交道的工作，那是什么工作？

答案：作曲家。

请客

如果你要请朋友去看电影，那么是请同一个朋友去看两场便宜，还是请两个朋友看一场便宜？

答案：请两个朋友看一场，因为这样你只要买 3 张票，而请一个朋友看两场你得买 4 张票。

3双鞋

一天，两个儿子和两个爸爸去商店买鞋，每个人都买到了 1 双满意的鞋，但结账时总共只有 3 双鞋，为什么？

答案：因为总共只有 3 个人，爷爷、爸爸和儿子。

诡异的年龄

一个小男孩 1980 年时是 20 岁，可是 1985 年时是 15 岁，这是怎么回事？

答案：他生活在公元前。

卖西瓜

农夫带着刚刚收获的西瓜拿到市场上卖，他卖掉了一半的西瓜，没

多久又卖掉了半个，最后剩下一个西瓜，请问原来一共有几个西瓜？

答案：3个。

28天

一年中有7个月有31天，那么哪个月有28天？

答案：每个月都至少有28天。

变化的腿

什么走路早上用四条腿，中午用两条腿，晚上用三条腿？

答案：是人，他们刚生下来时用四肢爬行，后来用双腿走路，老年时又不得不依靠拐杖走。

取苹果

从装有30只苹果的货车里取走6只苹果，可以取多少次？

答案：只能取一次，因为取过一次之后车里就不是30只苹果了。

几个苹果

如果你有10个苹果，吃了8个，还有几个？

答案：10个。2个在外面，8个在里面。

孔雀与数字

什么数字像孔雀一样？

答案：是数字9，因为9没有尾巴就成了0，同样，孔雀没有尾巴也一无是处。

只有一封信

杰克在出差的半年里给女朋友寄了5封信，可是他女朋友琳达只收到一封信，为什么？

答案：杰克有5个女朋友，给每人寄了一封信。

海水上涨

一艘在海面上行驶的大船边上挂了一架软梯，离海面15米，海水每两个小时上涨15厘米，请问，几个小时以后海水会淹没软梯？

答案：水涨船高，永远不会淹没。

分糖

你手上有5颗糖，怎样把这5颗糖公平地分给2个小朋友？

答案：一人2颗，给自己留1颗。

三天后取货

小胖去一家写着“二十四小时交货”的洗衣店洗衣，为什么老板让他三天以后再来取？

答案：洗衣店每天工作8小时，三天正好是24小时。

体重增加

一个婴儿喝了牛奶之后，一星期就重了10千克，可能吗？

答案：可能，这是一头小牛犊。

牛吃草

一头牛每年吃5公顷的牧草，在一个面积为30公顷的牧场上养了3头牛，请问它们多久能吃完牧草？

答案：牧草会不断长出新的，永远也吃不完。

老王抽烟

老王每天抽两包烟，老婆极力要求他减少一半的量，于是他把一天分成两段时间，但是可以和过去相同的间隔和速度抽烟，烟量一根也不少，你知道他是怎么分的吗？

答案：清醒时与睡觉时。

二人爬楼

乐乐和奇奇住在同一栋楼，乐乐家在5层，奇奇家在10层，俩人上楼都不乘电梯，奇奇于是对乐乐说：“我每天比你多爬一倍的楼梯。”他说的对吗？

答案：不对，住5层的人实际上爬了4层楼，住10层的人实际爬了9层楼，比一倍还多。

戒烟

为什么戒烟要戒两次？

答案：戒了右手还要戒左手。

改变大小

已知0和1两个数，怎样做才能使这个数比0大，比1小呢？

答案：加个小数点，变成0.1。

牛的价钱

1毛钱可以买几头牛？

答案：9头，因为九牛一毛。

女人的衣服

为什么女人衣柜里的衣服总是少一件？

答案：还有一件穿在身上了。

何时相遇

在一个赛马场里，红马一分钟可以跑 2 圈，黑马一分钟跑 3 圈，白马一分钟跑 4 圈，如果这三匹马同时从起跑线上出发，几分钟以后，它们又可以相遇在起跑线上？

答案：1 分钟以后。

超级母鸡

为什么老王家的母鸡一天能下 12 个蛋？

答案：老王养了 12 只母鸡。

几只兔子

一天，猎人出去打猎，直到天黑才回家。他妻子问他："今天打了几只兔子？"猎人说："打了 6 只没头的，8 只半个的，9 只没尾巴的。"你知道他究竟打了多少只兔子吗？

答案：0 只。6 去掉头，8 去掉半个，9 去掉尾巴，结果都是 0。

花销明细

一个人在饭店吃饭，喝了一杯饮料，一共花了 8 块钱，饭钱比饮料多花了 7 块，请问饮料花了多少钱？

答案：饮料 5 角，饭钱 7 块 5。

酒鬼看病

酒鬼老王去看医生，医生警告他以后喝酒一次不能超过 4 杯，为什么老王还是不听，一次喝了 8 杯？

答案：他看了两次医生。

比大小

什么情况下 5 大于 0、0 大于 2、2 大于 5？

答案：玩石头、剪刀、布的时候。

脖子第二长

动物园里，长颈鹿的脖子最长，脖子第二长的是什么动物？

答案：小长颈鹿。

赚了多少

一个人从市场上花18块钱买了只烤鸭，买了之后又觉得不划算，20块钱卖给了隔壁邻居。卖掉之后突然又嘴馋，于是花21块钱买了回来。回家一看冰箱里还有一只烤鸭，于是又22块钱卖掉了。这个人赚了多少钱？

答案：第一次卖掉烤鸭赚了2块钱，第二次赚了1块钱，一共赚了3块钱。

丢了多少钱

小李今天早上出门丢了20块钱，回来的路上又捡到10块钱，请问今天小李丢了多少钱？

答案：20块钱。

伤心的8

8在路上遇到3，突然大哭起来，为什么？

答案：感觉自己被一刀从中间砍成两半。

年龄之谜

有一个人的岁数是另一个人的840倍，而且这两个人现在都还活着，你相信吗？

答案：相信，一个70岁的老人的年纪是一个月大的婴儿的840倍。

排队

把24个人按5人一排，排成6行，怎么排？

答案：排成六边形。

6个孩子

2夫妻家里有6个小孩。老爸叫老大叫大家来吃饭，老4叫老3，老3叫老5，老5叫老大，老大叫老2，老2叫老4，老4叫老6，还有老几没来？

答案：老妈没来。

挖洞

如果两个人同时挖两个洞，需要两天的时间，那么，一个人挖半个洞需要多长时间？

答案：任何时候你都挖不出半个洞。

第13级疼痛

医学上把痛分为12级。第1级是被蚊子叮咬时的痛，第12级是最痛的一级——分娩时的痛苦。那么请问，第13级的痛是什么？

答案：分娩时被蚊子咬。

华华吃药

华华感冒了，医生给他开了3颗药丸，嘱咐他每半小时吃1颗，请问华华吃完这些药丸要多长时间？

答案：1个小时。

消失的勇士

历史上斯巴达勇士本来有800个，为什么到了电影里面变成300个了？

答案：因为伍佰（500）去唱歌了。

90多分

聪明的人和勤奋的人，什么人最容易考到90多分？

答案：能考100分的，稍微粗心一点就是90多分。

猴子掰玉米

一只机灵的猴子每分钟能掰1个玉米，在果园里，这只猴子5分钟能掰几个玉米？

答案：果园里没有玉米。

讨厌8的原因

0和8长得很像，可是0为什么不喜欢8呢？

答案：胖就胖吧，还要拴根腰带。

蛋糕的厚度

蛋糕店有一种3厘米高的蛋糕，蛋糕师傅一次性从烤箱里拿出10个蛋糕，并把它们都叠放在了一起，却发现总共没有30厘米高，这是为什么？

答案：下面的蛋糕被压扁了。

谁在挨饿

动物园里有两只幼熊。已知雄熊每天吃30斤肉，雌熊每天吃20斤肉，幼熊每天吃10斤肉，但是饲养员每天只买20斤肉，请问哪只熊在挨饿？

答案：没有熊在挨饿，动物园里只有两只幼熊，20 斤肉刚好。

哪一枚更重

九二年和九三年的同一分值的硬币，哪一枚更重？

答案：九三年多“一”。

下跳棋

三个同学下跳棋，总共下了 45 分钟，请问每个同学下了多少分钟？

答案：45 分钟。

迅速变空

有一大桶水，可以倒满 20 个水杯，而一个人一口只能喝掉半杯水，如何才能在 10 秒钟之内把水桶变空呢？

答案：直接倒掉，题目又没有说非要用喝的。

几条蚯蚓

花盆里有 10 条活蚯蚓，被花匠不小心挖断 1 条，还剩几条活的？

答案：11 条。

超级细菌

一种细菌一分钟分裂成 2 个，再过一分钟分裂成 4 个，照这种速度分裂下去，1 小时可以填满瓶子。如果从两个开始分裂，要多久才能填满同样的瓶子？

答案：59 分钟，从两个开始分裂，只节约了前面的 1 分钟。

最简分数

做数学运算时我们通常把分数约到最简以便于运算，那么在什么情况之下 2/4 和 4/4 不会约成最简分数？

答案：写在五线谱上面的时候。

敲钟

有座古老的时钟敲 6 点要花 5 秒，那么它敲 12 点要花几秒？

答案：11 秒。时钟花 5 秒敲 6 下，说明敲一下之间的间隔是 1 秒，因此，敲 12 下要 11 秒。

四刀切九块

一个西瓜最多只能切四刀，要切成 9 块，你该怎么切？

答案：切成“井”字。

羊圈之谜

牧羊人放牧回来，把他的19只羊赶进5个羊圈后，发现每个圈里都有4只羊，这是怎么回事？

答案：其中1个羊圈里之前就有1只羊。

筷子搭数

怎样用3根筷子搭成比3大比4小的数？

答案：搭成π（约等于3.14）。

开枪打鸟

树上站了8只鸟，开枪打死了1只，还剩几只鸟？

答案：1只。

正反一样

哪一年的年份写在纸上，再把纸倒过来看仍然是这一年的年份数？

答案：1961（答案不唯一正确）。

骂脏话的代价

老王因为去年骂人是猪被罚款10000元，为什么今年又骂人是猪，却被罚了20000元？

答案：因为猪肉涨价了。

空罐子放糖

一颗糖块重0.05斤，一个能装3斤糖的空罐子放进多少颗糖块就不是空罐子了？

答案：一颗。放了一颗糖进去罐子就不是空罐子了。

还剩几条

鱼缸里面有10条鱼，死了3条，还剩几条？

答案：10条，死鱼不会跑出来，所以还有10条。

八个8

八个数字8，如何使它们等于1000？

答案：8 + 8 + 8 + 88 + 888 = 1000。

CD的纹路

一张CD唱片转速是80转/分钟，这张CD能转60分钟，请问这张CD一共有多少纹路？

答案：一条，一张 CD 只有一条纹路。

猫狗赛跑

猫和狗进行百米赛跑，当狗到达终点时猫才跑了 90 米，如果把狗的起跑线往后延 10 米，可以让猫和狗同时到达终点吗？

答案：不能。因为猫的速度是狗的 90%，狗的起跑线往后延 10 米，狗需要跑 110 米，猫需要跑 99 米，它们才能同时到达终点。

《辞海》

你知道《辞海》有多少个字吗？

答案：两个。

圆有几角

三角形有三个角，六角形有六个角，圆有多少角？

答案：一圆有十角。

字数不够

老师要学生写关于牛奶的作文，要求写 300 字，小明为什么只写了 30 个字？

答案：小明写的是浓缩牛奶。

被谁除尽

老师在黑板上写 8，请问：8 能被 2、4、8 除尽以外，还能被谁除尽？

答案：黑板擦。

不同的外套

一位长跑运动员在长期的练习中发现，如果他穿一件白色的外套，跑 20 英里需要 70 分钟，但是如果他穿一件黑色的外套，跑 20 英里要 1 小时 10 分钟，这对他以后的比赛有什么帮助？

答案：没有帮助，1 小时 10 分钟就是 70 分钟。

第几名

假设有一场长跑比赛，在到达终点前，第二名超过了你，你成了第几名？

答案：第二名。

你超过了第二名，你成了第几名？

答案：第二名。

倒数第二名超过了你，你是倒数第几名？

答案：倒数第二名。

你超过了倒数第二名，你是倒数第几名？

答案：倒数第二名。

繁重的工作

小李在一个5000平方米的农场工作，冬天农场被雪覆盖了，如果小李一天只能清理干净12平方米大小的地方，他什么时候能把农场所有的雪清理干净？

答案：雪化以后。

青蛙跳井

一只青蛙掉进30米深的枯井，如果它每次能跳2米高，它要跳几次才能跳出井口呢？

答案：那么深的枯井青蛙早就摔死了。

老鹰的速度

月球引力只有地球的1/6，如果一只老鹰在地球上1小时可以飞到30千米，假如宇航员把这只老鹰放到了月球上，那么老鹰在月球上1小时可以飞多少千米呢？

答案：月球上没有氧气，老鹰会死掉。

谁厉害

30—50之间的哪个数字比熊的大便厉害！

答案：40。因为事实（40）胜于雄（熊）辩（便）。

最大数

1、2、3能组成的最大的数是多少？

答案：321。

剪指甲

小华的爸爸1分钟可以剪好5只自己的指甲，他在5分钟之内能剪好自己的几只指甲？

答案：20只，包括手指甲和脚指甲。

宠物知多少

薇薇的所有宠物中，除了两只不是狗其余都是狗，除了两只不是猫其

余都是猫，除了两只不是兔子其余都是兔子，请问薇薇到底有几只宠物？

答案：三只，一只猫、一只狗、一只兔子。

奇怪的运算

什么时候 1 加 5 等于 10？

答案：算盘运算。

什么时候 4 减 1 会等于 5？

答案：4 个角的东西切去 1 个角。

喝了几瓶

约翰去参加一个朋友的生日聚会，聚会从晚上 7 点开始一直到凌晨 1 点结束。在这段时间里，约翰每半小时就能喝完一瓶酒，请问约翰在这个聚会上一共喝了多少瓶？

答案：一瓶也没喝，约翰只能喝酒，不能喝酒瓶。

漫长的旅程

小刚从 5000 米高的飞机上跳伞，过了两个小时才落到地面，为什么？

答案：他挂在了树上，等待队友救援。

三个太阳

后羿射日之后，天上就只剩下了一个太阳，你知道在什么情况下会出现三个太阳在一起吗？

答案：写“晶”字的时候。

五加五

五加五等于多少？

答案：两只手。

孩子吃饼

3 个孩子吃 3 个饼要用 3 分钟，90 个孩子 90 个饼要用多少时间？

答案：也是 3 分钟，90 个孩子同时吃。

几个面

一个圆有几个面？

答案：两个面，一个外面一个里面。

两个烟鬼

烟鬼甲每天抽 50 支烟，烟鬼乙每天抽 10 支烟。5 年后，烟鬼乙抽的烟比烟鬼甲抽的还多，为什么？

答案：烟鬼甲抽得太多早就得病死了。

谁说谎

小华碰到两个老朋友，其中一个朋友说："我是 18 岁。"可是另外一个朋友说："不，他已经满 19 岁了。"两个人都没有说谎，有可能发生这种事情吗？

答案：可能，那个人说完话以后才满 19 岁。

超级测量

一把 11 厘米长的尺子，可否只刻 3 个整数刻度，即可量出 1～11 厘米之间的任何整数厘米长的物体长度？如果可以，问应该刻哪几个刻度？

答案：可以，刻度位于 2、7、8。

一笔成立

请将"5 + 5 + 5 = 550"加上一笔画，使得等式成立（不可以改变不等式）。

答案：将其中一个加号加上一竖变成 4 即可。（545 + 5 = 550）。

平分18

请问：将 18 平均分成两份，却不得 9，那会得几？

答案：10（从中间分开）。

多项答案

三加三除了等于六，还能等于什么？

答案：田。

淘汰赛

在有 100 个代表队参加的足球淘汰赛中，要决出冠军队，至少需要进行多少次比赛？

答案：一次只能淘汰一个队，故需要 99 次。

平均深度

一条河的平均深度是 1 米，一个小孩身高 1.4 米，他虽然不会游泳，但肯定不会在这条河里淹死，你说对吗？为什么？

答案：不对，因为平均深度，有的地方也可能超过 1.4 米。

10除2

10 除 2 却不等于 5，为什么？

答案：比如，由10人组成的情报小组除去2名还有8名成员。

剩下的人

13个人在捉迷藏，捉了10个还剩几个？

答案：2个。

长高了

身高168厘米的小华，有一天去看棒球赛回来却变成170厘米，为什么？

答案：因为她被球击中，头顶上长出一个2厘米的包。

两岁山

在某一个国家有一座高山，海拔为12365英寸。当地人根据这一数字，称它为两岁山。你能想到是什么原因吗？

答案：当地人把前面的“12”看作一年的12个月，把后面的“365”看作一年的365天，前后加起来正好是2岁。

花费的时间

数字写到1万，你会用多长时间？

答案：最多5秒，10000。

硬币摆长方形

你能用6枚硬币摆出一个长方形吗？

答案：把6枚硬币整齐地叠放在一起，从侧面看就是一个长方形。

金鱼数数

有一群金鱼在鱼缸里自由自在地游来游去，一条黑金鱼说：“我看到红金鱼是黑金鱼的两倍。”一条红金鱼说：“不对，红金鱼和黑金鱼的数量是一样的。”你知道红金鱼和黑金鱼的真实数目吗？

答案：红金鱼4条，黑金鱼3条。

兄弟买书

有一本书，兄弟俩都想买。如果用哥哥的钱买还差5元钱，如果用弟弟的钱买差1角钱，如果把俩人的钱合起来，还是不够，那么这本书的价钱到底是多少呢？

答案：这本书卖5元钱，哥哥1分钱也没有，弟弟有4元9角。

猪的价格

一头猪卖1000元，为什么两头猪可以卖10万元？

答案：长了两个头的猪实在难得。

不相上下

尼克考了500多分，雅克考了600多分，为什么老师认为他们的成绩不相上下？

答案：因为尼克考了6门，雅克考了7门。

学生的个数

几个学生排队上校车。4个学生的前面有4个学生，4个学生的后面有4个学生，4个学生的中间也有4个学生。请问一共有几个学生？

答案：8个。

不坐电梯

有一个人住在一幢高层公寓的第十层，他每天早晨都乘电梯下楼去上班。但奇怪的是，当他下班回家的时候，通常只乘电梯到7楼，然后再沿着楼梯走到位于10楼的公寓。只有在下雨的时候，他才会直接乘电梯到10楼。当然，这个人并不是特别喜欢爬楼梯，那他究竟为什么要这么做呢？

答案：个子太矮，够不到10楼的键，下雨的时候可以用伞。

一笔

IX——这个罗马数字代表9，如何加上一笔，使其变成偶数？

答案：前面加S，SIX就是6的意思。

装杧果

莉莎买了10个杧果，向小贩要了6个袋子，她在每个袋子里都装了双数的杧果，请问她是怎么装的？

答案：先拿5个袋子，每个袋子装2个杧果，然后把这5个袋子都装进第六个袋子里。

0与10

0在大路上遇到10，不停地嘲笑它，为什么？

答案：0说“年纪轻轻的，干吗拿个拐杖”。

凤梨罐头

三位兄弟分食一罐重达320克的凤梨罐头，因为不易平均分成三等分，所以两位哥哥各吃100克，剩下的120克全部分给弟弟，但是正想去吃的弟弟突然变得十分生气。究竟这是为什么呢？

答案：因为两个哥哥吃的是100克凤梨片，剩下的是120克汤水。

几个孩子

王大婶有3个儿子，这3个儿子又各有1个姐姐和妹妹，请问王大婶共有几个孩子？

答案：5个。

算术题

一加一等于多少？

答案：不三不四。

最懒惰与最勤劳的数字

1—9这九个数字中，谁最懒惰、谁最勤劳？

答案：1最懒惰，2最勤劳。因为“一不做，二不休”。

船主的年龄

你有一艘船，船上有15位船员，60位乘客，300吨货物。你能根据上面的提示，算出船主的年龄吗？

答案：你就是船主，年龄还需要算吗？

神秘的数

一个数去掉首位是13，去掉末位是40。请问这个数是几？

答案：四十三。

鸡与鸡蛋

5只鸡5天生了5个蛋。100天内要100个蛋，需要多少只鸡？

答案：仍然仅需5只鸡。

烟的方向

电车以80公里的时速向北行驶，这时有时速20公里的东风。请问，电车的烟朝哪个方向吹？

答案：电车没有烟，哪会有方向？

找钱

萧然拿了100元去买一个75元的东西，但老板只找了5元给他，为什么？

答案：他只给了老板 80 元。

猫的数量

房间的四角各有 1 只猫，每只猫对面各有 3 只猫，每只猫后面又各有 1 只猫，房间里一共有几只猫？

答案：4 只猫。

三分之一

某日，搭公车上，付车钱的只占搭乘此班车总人数的三分之一，但是，售票员脸上并没有难色。假设使用月票和付现金有同等的效力，而且并无免费的儿童搭乘。请问有这种可能吗？

答案：有可能。因为只有一名乘客，其余二人为司机和售票员。

剩下的灯

艳艳家有 5 盏灯，关掉 4 盏，还剩几盏？

答案：只是关掉而已，又没扔掉，还有 5 盏灯。

四个9与100

四个 9 加起来怎样才可以等于 100 呢？

答案：9/9 + 99。

13支蜡烛

丽丽的表姐过 11 岁生日，庆祝晚宴上却点了 13 支蜡烛，为什么？

答案：那晚停电，另外点了两支照明用的蜡烛。

一打

鸭蛋一打有多少个？

答案：一个也没有了。（全都打碎了！）

点着的火柴数

聪明人每秒钟能点着 3 根火柴，笨人 3 秒钟才能点着 1 根火柴。他们各拿一盒 60 根的火柴同时开始点，当笨人点完 60 根火柴，聪明人点了多少根火柴？

答案：聪明人再聪明，他也只有 60 根火柴，点完就没有了，所以他也只能点 60 根火柴。

打破背景法

在思考中，人们往往会自己给自己设定一些假想的边界、限制或背景。这些假想出来的限制或背景阻碍了我们找到不同方式来看待问题。下面的这个题目就是要求打破假想出来的背景，得到解决问题的方法。

题目：如图，把 8 枚硬币排放在桌子上，横着 5 枚，竖着 4 枚。在只允许移动 1 枚硬币的情况下，如何使横着的和竖着的都是 5 枚？

解析：这个题目看似不可完成，但是非常简单，如图所示，你只需把横放的硬币最右边的那枚硬币放在最左那枚硬币上面就可以了。人们发现不了解决问题的办法，是因为他们给自己设定了一个背景或限制，即硬币是不能被叠放起来的。只有打破这一背景，在中间的那枚硬币上再放 1 枚硬币，问题才可以被解决。

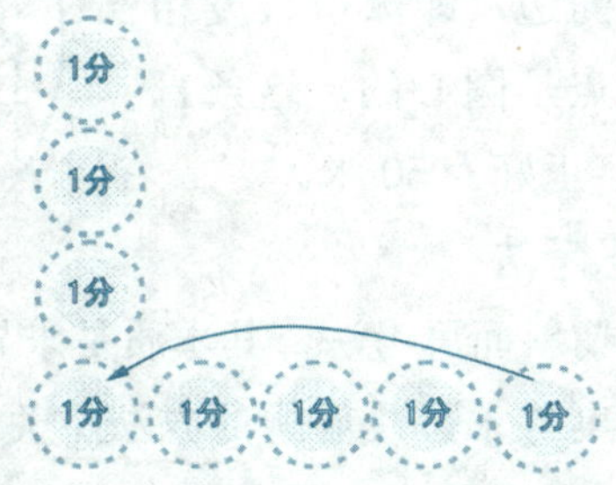

举一反三

训练一：空白面积

下列两幅图，哪个空白面积大？

图1　　　　图2

【答案】

第一幅图中的空白面积大。比较如图所示。

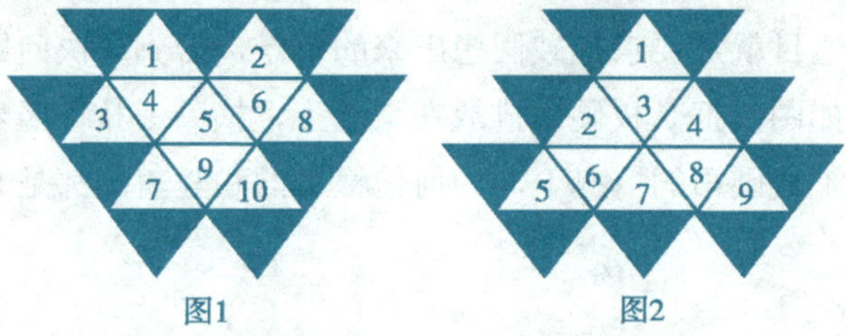

图1　　　　图2

训练二：泳道长度

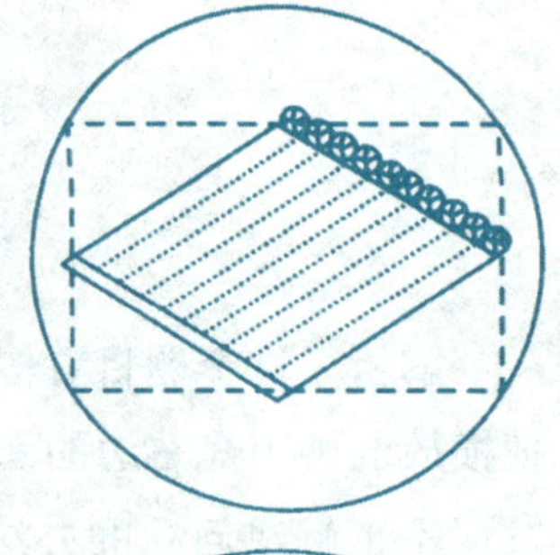

如右图所示，假设圆内切长方形中的菱形是一座游泳池，菱形中的虚线表示泳道，已知圆的直径为100米，内侧用虚线画的长方形的长是90米。菱形的顶点与长方形四边的中点相连，求泳道的长度？

【答案】

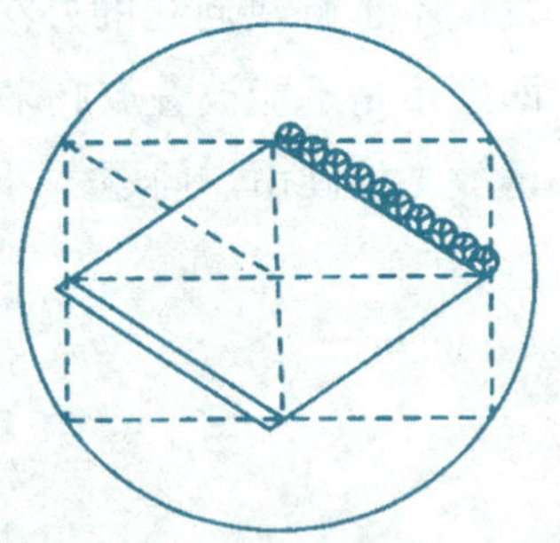

50米。根本用不着复杂的计算。如右图把菱形对角线的交点和长方形的顶点连接，这条直线与菱形的边，即泳道长度相同。菱形对角线的交点是圆心的，这条直线的长就是圆的半径，正好为50米。

斜面思考法

所谓斜面思考法，其本质是求异，即打破思维定式，从多角度寻求解决问题的方法。关于斜面思考法，看看下面这个训练题目，我们可能会有更直观的认识。

题目：有一个容积为500毫升的咖啡杯，不借助其他量具，怎样才能只用它就能量出250毫升的咖啡？

解析：如右图所示，将咖啡杯倾斜 45°，倒出的咖啡正好是总容量的一半。对于这个问题，人们倾向于从水平的角度来考虑，这样是不能解决问题的。我们要勇于打破习惯思维的束缚，培养倾斜思考法，从多个维度去寻找解决问题的方法。

举一反三

训练一：摆花

图中画的是一个楼梯，共有 5 个台阶，在每一个台阶上放一盆花，才没有空台阶。现在只有 4 盆花，要求放在台阶上，仍然每一个台阶放一盆花，不能有空台阶。想想看，应该怎样放？

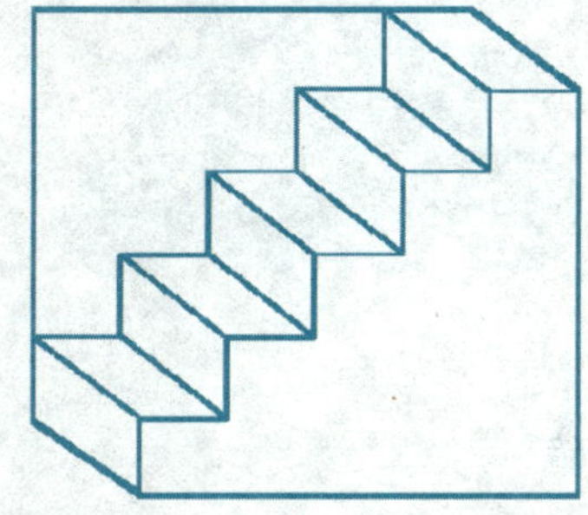

【答案】

将画向左旋转 90°。

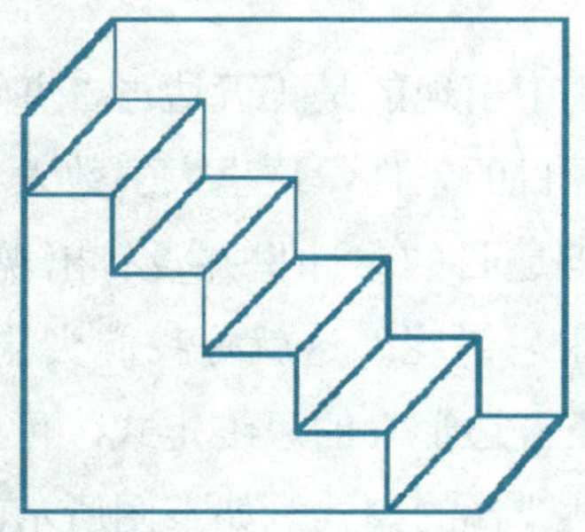

训练二：三角转换

10 枚硬币排成如图所示的三角形，如果让这个三角形朝上，只允许移动 3 枚硬币，该怎么移动？

【答案】

如图所示：

训练三：五边形地砖

大多数家庭装修时用的地砖是四边形的。现在有一种地砖是五边形的，每一块的形状和大小都一样，除了墙的边角可以切割，其他所有地砖必须严丝合缝、完整相接，不能重叠铺，请问应当怎么铺？

【答案】

此时，如果你的脑海中出现的是正五边形，并以此来拼，你会发现无论怎么拼都无法满足题目的条件，这里大多数人都把五边形理所当然地理解为正五边形了，但题目的条件里并没有出现“正五边形”，为什么大家偏偏以正五边形来思考呢？这就是我们头脑中有想当然“自设”的障碍。一旦排除了“正五边形”的思维定式，可以选择的方式就有很多了。下面介绍三种可供选择的模式，如下图所示。

大家可能已经发现，这三种方法有一个共同的特点：有一组对边平行的五边形，一组邻角互补。当这一组平行对边相等且与其共有的邻边垂直时，图案可以是四方连续的，也可以是二方连续的。它的组合方式是无限的。类似的方法还有很多，就不一一列举了。

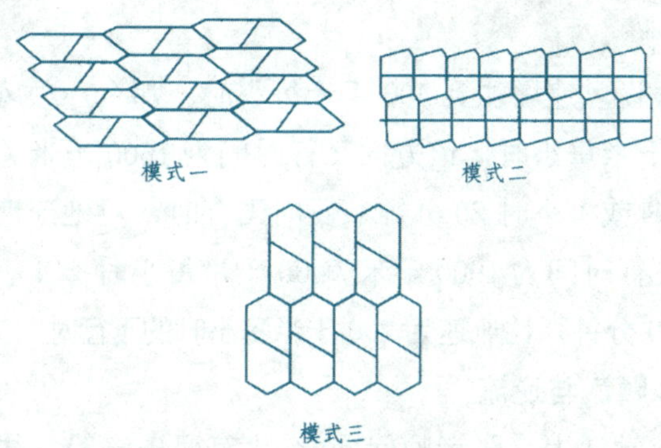

模式一　模式二

模式三

前提设防法

在对具体问题的思考中，我们往往忽略了一些关键性的细节，从而容易犯想当然的错误。在分析问题时，要注意防范一些貌似前提性质的假设，不要受这些条件的误导。关于前提设防法，从下面这个例子中窥见一斑。

举一反三

训练一：风的威力

假设你正在相距1600千米的两个城市之间飞行，飞机的时速为800千米每小时。在没有风的情况下，去程和返程的时间均为2小时，就是说往返需要4小时。但是如果有风，那么情况又会如何呢？

让我们假设从A城向B城逆风飞行，风速为200千米每小时，也就是说对地速度仅为600千米每小时；但是，在返程时却顺风飞行，风速为200千米每小时，因此对地速度为1000千米每小时。

现在请大家思考一下：风速是如何影响往返时间的呢？它长于、短于还是等于无风情况下的往返时间？

【答案】

无风时，往返需要4小时：以每小时800千米的速度飞行1600千米，也就是说每段路程飞行两小时。逆风风速为200千米每小时，对地速度为600千米每小时。飞行1600千米所需的时间为：1600千米/600千米每小时≈2.67小时或2小时40分钟。反向飞行时，对地速度为1000千米每小时，因此飞行1600千米所需的时间为：1600千米/1000千米每小时≈1.67小时或1小时40分钟。于是，总飞行时间为

4 小时 20 分钟。

让我们假设风速增加到 400 千米每小时。那么，顺风飞行时的对地速度为 1200 千米每小时，该方向飞行时间为 1600 千米 / 1200 千米每小时≈ 1.33 小时或 1 小时 20 分钟；反向飞行时，对地速度为 400 千米每小时，因此飞行时间为 1600 千米 / 400 千米每小时≈ 4 小时。总飞行时间为 5 小时 20 分钟，比风速为 200 千米每小时的飞行时间又长了 1 小时。

训练二：顺流与逆流

在一次数学课上，张老师问同学："有两条汽船，往返于甲、乙两地，假如船的速度一样，那么在静水中往返一次所费的时间和在有流速的水中往返一次所费的时间是否相等？"有的同学说一定相等，因为有流速的水中，顺流的速度和逆流的速度刚好抵消了，所以等于静水的速度；有的同学说不相等。

试问，到底相不相等？

【答案】

不相等，汽船在有流速的水中往返一次的时间要长些。假定甲、乙两地之间的距离为 100 千米，汽船的速度为每小时 25 千米，水流速度为每小时 3 千米。那么在静水中往返一次所需时间为：100÷25×2 = 8（小时）；而在逆流中走完 100 千米需要 100÷（25−3）= 4（6/11）（小时），在顺流中走完 100 千米需要 100÷（25 + 3）= 3（4/7）（小时），所以有流速的水中往返一次的时间为：4（6/11）+ 3（4/7）= 8（9/77）（小时）。

训练三：巧锯木料

有一个木匠用锯子把一个边长 3 分米的立方体锯成 27 个 1 立方分米的小立方体（如右图所示）。显然，他只要锯 6 次，就可以很容易做到这一点。有一天，他突发奇想：能否把锯下的木头巧妙地叠放在一起锯，而减少锯的次数呢？木匠的奇思妙想能实现吗？

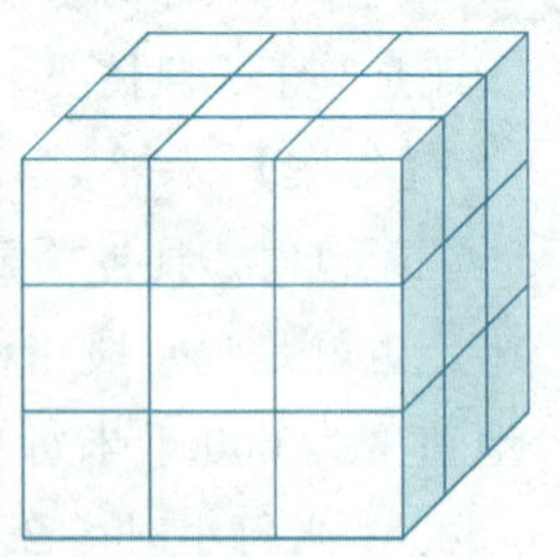

【答案】

木匠的奇思妙想其实是不可能实现的。

因为最终被锯成的 27 个小方块，只有最中央的那个小方块有 6 个截面。由于锯一次是不可能给同一个小方块留下两个或两个以上的截面，最中央那个小方块一定要被锯 6 次。

颠倒解题法

有些时候，在解决问题时，从正面去思考很难得到想要的结果，而如果从后往前推，倒过来想，则会很容易。而这种开发大脑思维的方法被我们称为颠倒解题法。

题目：从前有一个农夫，死后留下一些牛。在他的遗嘱中有这样的话：我的妻子可以得到全部牛的总数的一半再加半头牛。然后，我的长子分得剩下的牛的总数的一半再加半头牛，他得到的应该是我妻子所得到的一半。我的次子要得到还剩下的牛的总数的一半再加半头牛，他得到的应是我长子的一半。我的女儿可以分得最后剩下的牛的数量的一半，她得到的应该是我次子的一半。

结果一头牛也没杀，正好全部分完。请问农夫到底留下多少头牛？

解析：解决这一类问题，很多人会使用假设的方法。先假设农夫留下了多少头牛，然后再按照农夫在遗嘱中提到的分配方法去一一试验，看假设是否正确。这种方法是一种很笨的方法，因为你不知道要试多少次才能找到正确的答案，要耗费大量的时间，十分烦琐。

这时不妨颠倒过来想，从这道题的最后一个数据，即农夫的女儿所得到的牛的数量入手，往回倒着算。

女儿得到的是剩下的牛的数量的一半再加半头，结果牛就正好被分完了。半数加半头，正好分完，那么细想一下，女儿得到的牛的数量只有一种可能，那就是 1 头。往回推，女儿得到的是次子的一半，那么，次子得到 2 头牛。依次类推，我们可以得出，长子得到 4 头牛，妻子得到 8 头牛。那么农夫留下的牛就有 1 ＋ 2 ＋ 4 ＋ 8 ＝ 15 头。

这样倒过来想，解决问题就变得简单多了。

举一反三

训练一：分发物品

从希思罗起飞前往都柏林的一架飞机中，当中是过道，两边的座

位，每排为 3 个人。空中小姐 A 和 B 各负责一边，为每个旅客分配机上供应品。

一开始，A 向右边的旅客分配了 6 份（每人一份），这时候 B 过来告诉她，A 负责的应该是左边。于是 A 转到左边从头开始分配。至于 B，她接着 A 已经分配的 6 份，全部分完自己分内的座位后，又帮着 A 发了剩下的 15 份。于是，两个人全结束了。那么，请问两个人中哪一位小姐发的多，多发了几份呢？

【答案】

B 多发了 18 份。

这个问题似乎很困难，因为题目中没有给出座位总数。但是，按照图加以推敲，就发现很简单。图中斜线部分是由 B 小姐发的部分，白的部分为 A 小姐发的部分。中间用虚线所夹的部分表示两人相同的工作量。那么，现在要比较的是剩下的两端，即 A 为 12，B 为 30，因此 B 比 A 多发 18 份。

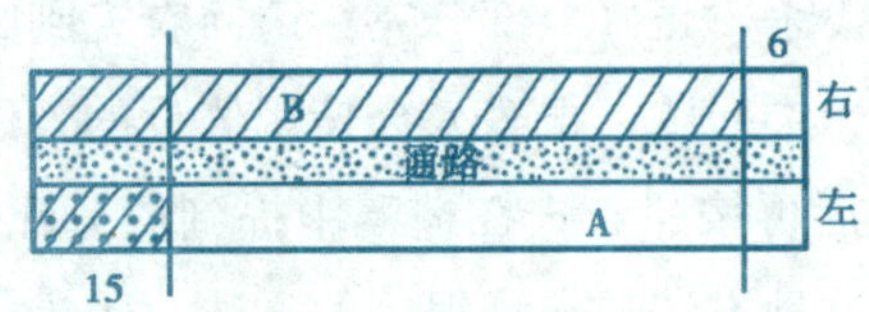

训练二：合理分法

有红、白、黑三支钢笔，甲、乙、丙三人每人一支，但都想要红色的，怎样分好呢？

甲提出一个办法：每人一次掷两个色子，如果两个色子上点数的和是 2、3、4 或 5，就分得白色的；如果点数的和是 6 或 7，就分得红色的；如果点数的和是 8、9、10、11 或 12，就分得黑色的。想想看，这样分法合理吗？

【答案】

掷两个色子，出现点数的组合有 36 种：

因为点数的和是 2、3、4 或 5 的次数，在 36 次里有 10 次；点数的和是 6、7 的次数在 36 次里有 11 次；点数的和是 8、9、10、11 或 12 的次数在 36 次里有 15 次。所以红色钢笔不应给点数的和是 6 或 7 的人，而应该给点数的和是 2、3、4 或 5 的人。

点数和是8的$\begin{bmatrix}2+6\\6+2\\5+3\\3+5\\4+4\end{bmatrix}$ 5 次　点数和是9的$\begin{bmatrix}3+6\\6+3\\4+5\\5+4\end{bmatrix}$ 4 次

点数和是10的$\begin{bmatrix}4+6\\6+4\\5+5\end{bmatrix}$ 3 次　点数和是11的$\begin{bmatrix}5+6\\6+5\end{bmatrix}$ 2 次

点数和是12的$[6+6]$ 1 次

假言判断法

假言，即虚假的命题，巧妙地设立一个虚假的命题作为充分条件，可以使一个假命题转化为真命题，这是一种求证的逆向思维。

你遇到过这样的脑筋急转弯题目吗？

题目：1 加 1 在什么情况下不等于 2？

答案不是“在喝醉了的情况下”或者别的之类，这儿要求从逻辑的角度来回答。

解析：“如果 2 加 3 不等于 5，那么 1 加 1 不等于 2。”这是一个充分条件假言判断。

我们在数学里学过，一个命题的形式是“如果 A，则 B”，A 是条件，B 是结果。假设 A 是 B 的充分条件，那么判断这个命题的真假有以下几种情况：①A 假，B 假，命题为真；②A 假，B 真，命题为假；③A 真，B 假，命题为假；④A 真 B 真，命题为真。

这道题中，1 加 1 不等于 2 这个结论是假的，如果要让这个命题成为真命题，就必须要为它设置一个假的充分条件。因此，我们可以说“如果 2 加 3 不等于 5，那么 1 加 1 不等于 2”，充分条件“2 加 3 不等于 5”为假，结论“1 加 1 不等于 2”也为假，那么这个命题是一个真命题。同样，我们也可以把它的充分条件设置为“2 加 2 不等于 4”“1 加 4 不等于 5”等任何一个假条件。

类似的一些机变测试题也可以采用相同的方法来处理，借助假言判断法，我们可以解决很多问题本身就不可能成立的题目。

以上的几种思维方法都是求异的思维，它的核心是敏于生疑，敢于存疑，勇于质疑，并由此生发出各种创造性、发展性、突破性的新思

维。这种新思维是创新的源头，我们在平常的生活中，一定要注意培养自己这种求异思维的习惯，开发自身的创造力。

举一反三

训练一：医务人员

“医院里的医务人员，包括我在内，总共是16名医生和护士。下面讲到的人员情况，无论是否把我计算在内，都不会有任何变化。在这些医务人员中：

（1）护士多于医生。

（2）男医生多于男护士。

（3）男护士多于女护士。

（4）至少有一位女医生。”

这位说话的人是什么性别和职务？

【答案】

由于医生和护士的总数是16名，从（1）和（4）得知：护士至少有9名，男医生最多有6名。于是，按照（2），男护士必定不到6名。根据（3），女护士少于男护士，因此男护士必定超过4名。根据上述推断，男护士多于4名少于6名，所以男护士必定正好是5名。于是，护士必定不超过9名，从而正好是9名，包括5名男性和4名女性，于是男医生则不能少于6名。这样，必定只有一名女医生，使得总数为16名。

如果把一名男医生排除在外，则与（2）矛盾；把一名男护士排除在外，则与（3）矛盾；把一名女医生排除在外，则与（4）矛盾；把一名女护士排除在外，则与任何一条都不矛盾。

因此，说话的人是一位女护士。

交替推理法

我们在生活中面对的问题通常是比较复杂的问题，各个条件相互牵连影响，这时，需要我们从最容易推导的已知条件入手，在各个条件之间交替着推导，直到得出最终的答案。

题目：有三个一模一样的盒子A、B、C，每个盒子里放着两颗球：A盒里放着一颗白球一颗黑球；B盒里放着两颗白球，C盒里放着两颗黑球。每个盒子外面都贴着一个标签，分别写着“黑白”“黑黑”“白白”的字样。但是，由于贴标签的人的大意，把标签全贴错了，这些标签都与盒子里所装的球的颜色不符。

如果只允许你从一个盒子里取出一颗球，就可以推断出这个盒子里另外一个球的颜色，然后再根据这个盒子里的球的颜色，推断出其他两个盒子里的球的颜色是什么，你该从哪只盒子里挑一颗球出来呢？又要怎么推断呢？

解析：应该从贴有“黑白”标签的盒子里取出一颗球，进行推理。

做这道题时，我们要交替使用选言推理和假言推理，才能得出结论。既然每个标签都是不符的，那么贴有“黑白”标签的盒子里装的就不是一颗黑球和一颗白球，而只能是两颗黑球或两颗白球。这里运用的，就是逻辑形式上叫作选言推理的否定肯定式。

如果从贴有“黑白”标签的盒子里取出的球如果是白色的，那么盒子里的另一颗球也必然是白色的。这里运用的又是充分条件的肯定前件式的假言推理。接着，我们可以进一步推理，贴有“白白”标签的盒子里装的是两颗黑球，而在贴有“黑黑”标签的盒子里装的是一颗白球和一颗黑球。这里用的是否定肯定式的选言推理。

如果我们不从贴有“黑白”标签的盒子里选一颗球开始，那么接下来的判断和推理是无法进行的。例如，如果我们从贴有“白白”标签的盒子里取出一颗黑球，我们还是无法判断这个盒子里装的到底是两颗黑球还是一颗白球一颗黑球。这样，进一步推理也就无法进行了。

举一反三

训练一：未婚妻

弗里曼先生认识埃达、比、茜德、黛布、伊芙这五位女士。

（1）五位女士分为两个年龄档：三位女士小于 30 岁，两位女士大于 30 岁。

（2）两位女士是教师，其他三位女士是秘书。

（3）埃达和茜德属于相同的年龄档。

（4）黛布和伊芙属于不同的年龄档。

（5）比和伊芙的职业相同。

（6）茜德和黛布的职业不同。

（7）弗里曼先生将同其中一位年龄大于 30 岁的教师结婚。

谁是弗里曼先生的未婚妻？

【答案】

根据（1）（3）和（4），黛布和伊芙当中必定有一位与埃达和茜德属于同一个年龄档；因此，埃达和茜德都小于 30 岁。按照（7），弗里曼先生不会与埃达或茜德结婚。

根据（2）（5）和（6），茜德和黛布当中必定有一位与比和伊芙从事同样的职业；因此，比和伊芙是秘书。按照（7），弗里曼先生不会与比或伊芙结婚。

排除以上四位，弗里曼先生将和黛布女士结婚，她必定是一位年龄大于 30 岁的教师。从以上的推理中，我们还可以知道其他四位女士的情况：伊芙必定小于 30 岁，比必定大于 30 岁；茜德必定是位秘书，而埃达必定是位教师。

训练二：供词

艾伯特、巴尼和柯蒂斯三人，由于德怀特被谋杀而受到传讯。犯罪现场的证据表明，可能有一名律师参与了对德怀特的谋杀。这三人中肯定有一人是谋杀者，每一名可疑对象所做的两条供词是：

艾伯特：

（1）我不是律师。

（2）我没有谋杀德怀特。

巴尼：

（3）我是个律师。

（4）但是我没有杀害德怀特。

柯蒂斯：

（5）我不是律师。

（6）有一个律师杀了德怀特。

警察最后发现：

Ⅰ．上述六条供词中只有两条是实话。

Ⅱ．这三个可疑对象中只有一个不是律师。

是谁杀害了德怀特？

【答案】

供词（2）和（4）之中至少有一条是实话。

如果（2）和（4）都是实话，那就是柯蒂斯杀了德怀特；这样，根据Ⅰ，（5）和（6）都是假话。但如果是柯蒂斯杀了德怀特，（5）和（6）就不可能都是假话。因此，柯蒂斯并没有杀害德怀特。于是，（2）和（4）中只有一条是实话。根据Ⅱ，（1）（3）和（5）中不可能只有一条是实话。

而根据Ⅰ，现在（1）（3）和（5）中至多只能有一条是实话。因此（1）（3）和（5）都是假话，只有（6）是另外的一条真实供词了。由于（6）是实话，因此确实有一个律师杀了德怀特。还由于：根据前面的推理，柯蒂斯没有杀害德怀特；

（3）是假话，即巴尼不是律师；

（1）是假话，即艾伯特是律师。

从而，（4）是实话，（2）是假话，而结论是：是艾伯特杀了德怀特。

排除干扰法

分析具体问题时，要注意区分哪些是真正有用的条件，而哪些是干扰条件。干扰条件往往使问题看起来更为复杂，而且会误导我们的思维。

题目：一个人用600元买了一匹马，然后以700元卖了出去；过了几天，他又用800元将这匹马买了回来，然后再以900元卖了出去。问在这一系列交易中，他共赚了多少钱？

解析：对于这个问题，人们有不同的答案，有人说赚了100元，有人说赚了200元，还有人说赚了300元。可以看出这个问题是有一定的复杂性的。但是，换一种方法来问："一个人用600元买了一匹马，然后以700元卖了出去；过了几天，他又用800元买了一头牛，然后以900元卖了出去。问在这一系列交易中，他共赚了多少钱？"这次，答案似乎十分明了："他赚了200元。"

实际上，这是一个问题的两种说法，在算数上都是一样的计算方法。前面一种问法里，“又用 800 元买了回来”这样的表达，造成了盈亏相抵的错觉，阻碍了人们的正常思维和问题的顺利解决。

现实生活中，经常会有这种多余的刺激，构成了表面现象的复杂性，使人们不能顺利地解决问题。因此，当我们遇到这类问题时，我们就需要把问题中的各种因素重新加以整理，化繁为简，排除多余的干扰，这样就可以让我们解决问题的思路更加清晰。

举一反三

训练一：图形背后

请仔细看下面这张图，想想看它是什么？

如图所示：

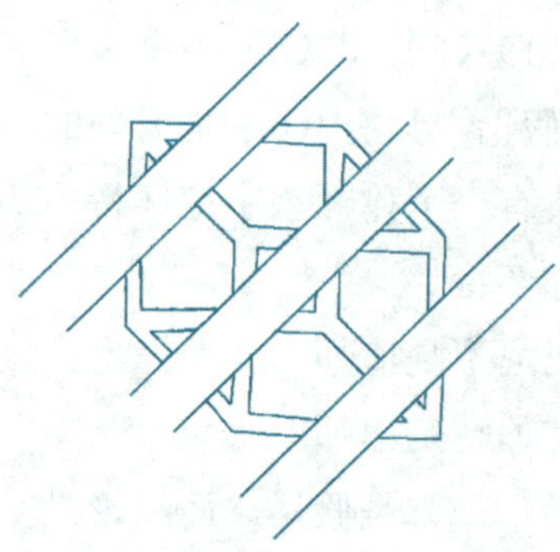

【答案】

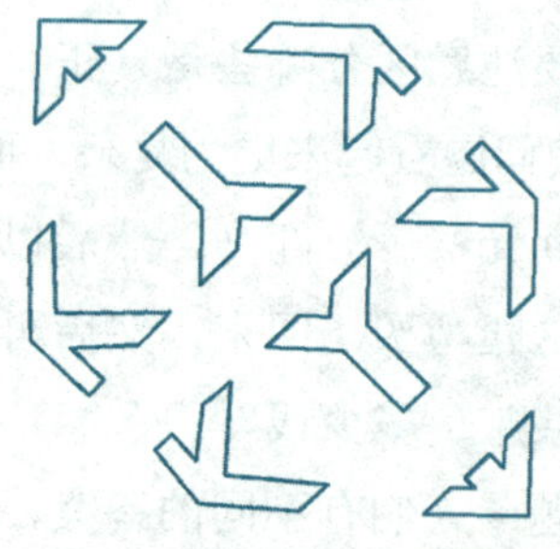

添加发散法

我们在解决问题时，思路往往被局限在已知的物品中，导致问题走进死胡同。很多时候，如果能找到合适的物品作为“外缘”，即可轻而易举地解决问题。

题目：一个杯子里装满了水，怎样才能在不倾斜杯子或打破杯子的情况下取出杯子里全部的水？

解析：这是德·波诺博士有关开发发散性思维领域中的一个著名问题。解决的方法有很多，不胜枚举。例如：

1. 将水杯置于热源上，使水沸腾蒸发掉。
2. 使用吸水的材料，如海绵或布料，将水吸出来。
3. 用吸管把水吸出来。
4. 使水结冰，然后将冰块取出来。
5. 用离心力使杯子转起来，将水甩出。
6. 向杯中添加石子儿或其他东西，让水溢出来。
7. 利用虹吸原理，使水自己流出来。

……

以上所有的方法都是利用其他物体来除去杯中的水，这都是添加思维发散法的运用。在发散思维法中，还有平行发散法、择优发散法等思维方法。

举一反三

训练一：一变十

你能在下面图形的基础上，增加两条直线，使三角形由 1 个变成 10 个吗？

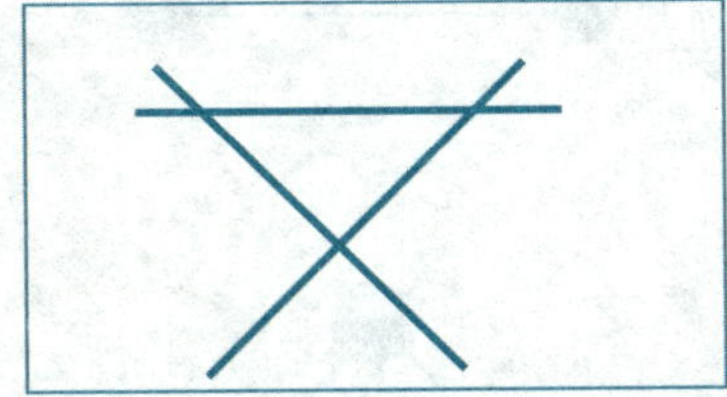

【答案】

如图所示：

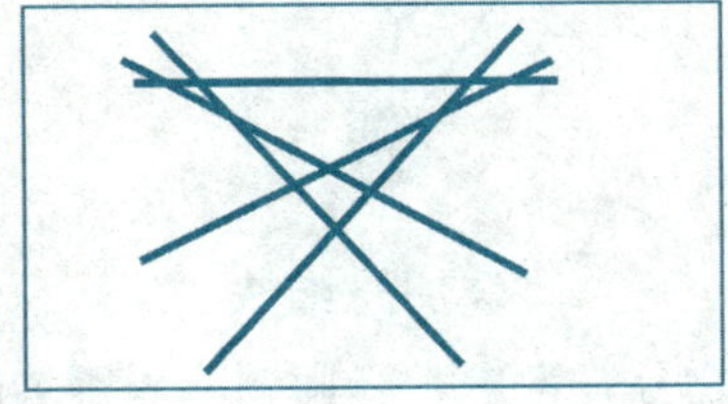

训练二：巧画等距点

下图是一张形状不规则的纸，要求你在纸的同一面上画 4 个点，4

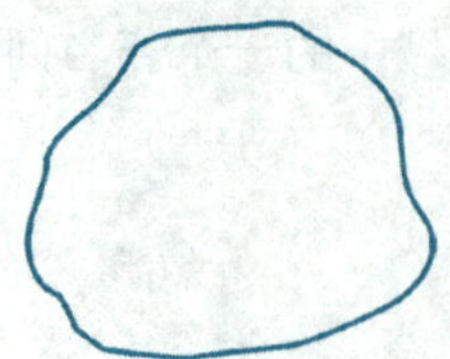

个点都要保持较大的距离。在不用任何东西测量的情况下，你能使其中两点的距离与另外两点的距离完全相等吗？

【答案】

把纸卷起来（如下图），然后在纸的边缘上画两个点，使每一点都同时落在两层纸上。打开纸后，就会见到 4 个点，其中两个点与另两个点之间的距离相等。

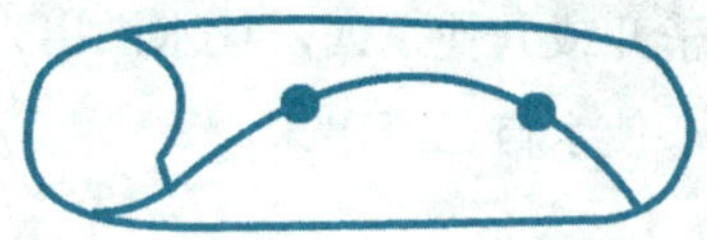

训练三：等边三角形

把 3 根火柴的头连起来，很容易连成一个等边三角形（如下图）。现在用同样的方法，如何把 9 根火柴连成 7 个等边三角形呢？

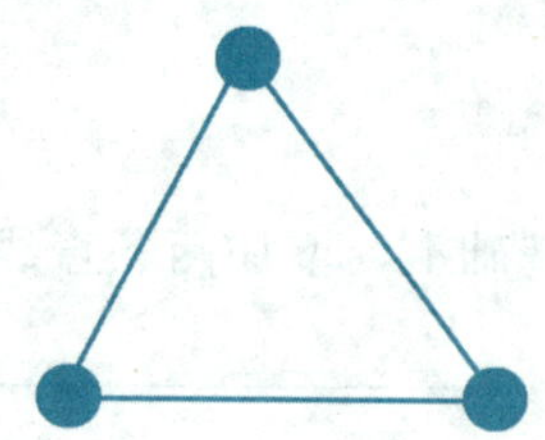

【答案】

如图所示：

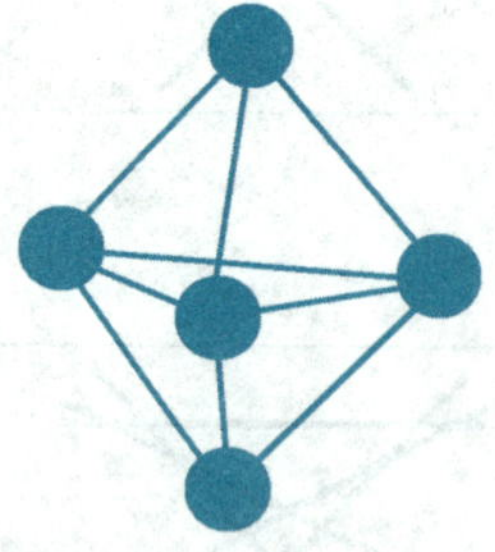

叠加思维法

我们习惯于将事物分开考虑，当问题陷入困境时，可以尝试将事物以某种方式组合起来，合二为一，或许就是破题的妙计。

题目：桌上有 3 个碗和 20 颗豆子，要求把豆子装入碗里，使每个碗里的豆子都是单数，问要怎么放？

解析：20颗豆子是双数，3个碗是单数，如果在3个碗中装入的豆子数都是单数，那么其加起来也是单数，不可能是20颗。

其实，这样想的话就表明你的思路已经被堵了：你认为这3个碗理所应当是并排放在桌子上的。但是，题目中并没有这样的说法。“既然要往3个碗中放豆子，这3个碗就理所应当是并排放在桌子上的。”这种“理所应当”的想法成了我们创新思维的障碍。我们不能用这种平常的思维法套在自己脑袋上，我们需要进行创新思维。在做题前，对自己的大脑进行一下检查，是不是有一种思维定式的存在束缚了我们的创新思维？一旦打破了这个思维定式，解决问题的方法就有了。

我们不把3个碗并列地排放，而是把其中一个碗叠放在另一个碗之上，然后在两边的碗中各放入单数的豆子。既然两个碗叠放在一起，那么放到上面那个碗里也就是放在下面那个碗里了，这也是放到了3个碗里呀！

这个问题启示我们：思考创新的问题时，要排除我们脑中一些想当然的主观判定，不要觉得有些事情是“理所应当”。

举一反三

训练一：作画

在《一千零一夜》中有一个故事叫水手辛巴德。一天他被一只老鹰抓到窝里，看到许多老鹰蛋。

据说该书中这一故事的插图，是由一位画家画的。那些鹰蛋是只用圆规一次一个画出来的，画得很逼真。请问，他是怎样画出来的呢？

【答案】

如右图所示。在瓶子或圆柱杯子的曲面上卷一张纸，使一头翘起来，然后用两脚规像画普通圆那样，在上面转一圈，就能画出一个卵圆形。

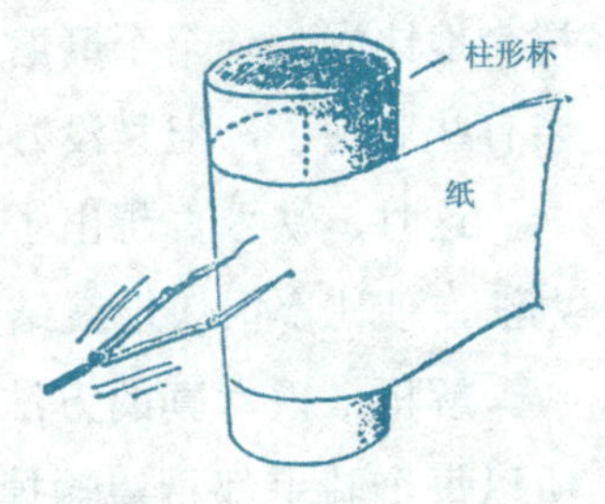

训练二：刁难老师

一个学生拿了如图一样的图片去问老师：“老师，你能用一条线，把这个图形分割成两个三角形吗？”老师毫不迟疑地说：“没问题！”请问他用了什么方法？

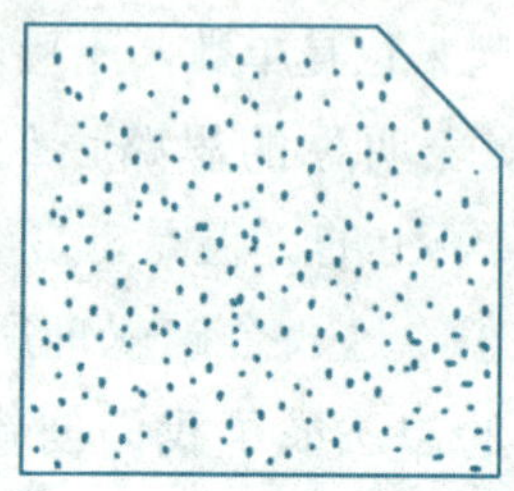

【答案】

如图，老师用粉笔在图片上画了一条线。

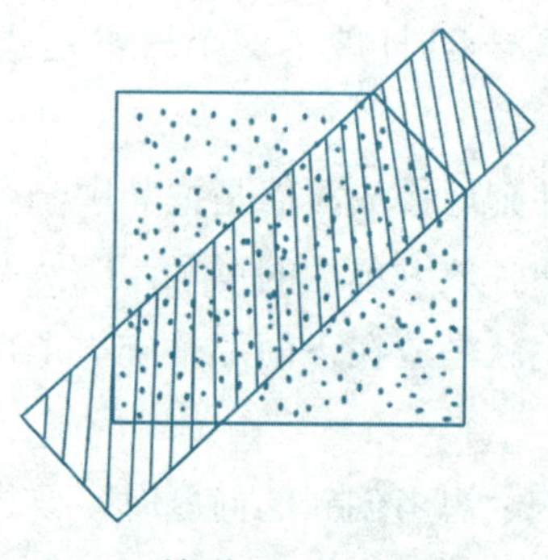

换位思考法

所谓“知己知彼，百战百胜”，常规情况下，每个人都只考虑自己的利益。其实，如果能从对方的角度思考问题，掌握并利用对方的心理，往往可以出奇制胜。

题目：有一个关于幼年铁木真的故事是这样的：为了庆祝一次大胜仗，铁木真的父亲组织了一场特殊而有趣的赛马大会——最后到达终点的骑士就是赢家，而对输家的惩罚是把自己的马献出来。结果棋手们都拼命地比慢，一个个磨磨蹭蹭，直到天黑都结束不了比赛。铁木真的父亲有些后悔了，但又没办法，只能坐在那里等比赛结束。

这时，铁木真想出了一个法子，悄悄地告诉了父亲。他父亲依他的办法，使比赛很快地就结束了。你知道铁木真提出了一个什么点子吗？

解析：铁木真的方法是让骑手们互换坐骑。因为骑的是别人的马，所以每个骑手都希望输掉比赛，这样献出去的马就是别人的了。因此，他们个个争先恐后，比赛马上就结束了。

铁木真的聪明之处在于，他设身处地了解了骑手们的想法，通过调换他们的坐骑，调换了他们的想法，从而让他们从比谁更慢到比谁更快，很快地就结束了游戏。

换位思维，是解决这一类难题的关键。

旋转思维法

旋转，可以变静态的事物为动态，很多在静止状态之下无法解决的问题都可以借助旋转思考法，在动态的形势下迎刃而解。

题目：一个剧院有幸邀请到了三位著名的戏剧演员同台演出，大事宣传，吸引了很多观众。但是，就在演出的前一天，三个演员却提出了一样的要求：必须把自己的名字写在海报的头一位，否则就拒绝登台。

三个人的名字怎么能同时出现在海报的第一位呢？剧院经理十分着急：把其中任何一个人的名字写在第一位，都会得罪其他两个人而拒绝登台。但是宣传都已经做了，三个人不同台演出，会导致观众的不满，等于是自毁招牌。两面的为难让剧院经理一筹莫进，这时，一个聪明的下属提出了一个办法。剧院经理按他的方法去做，结果三个演员都很满意地参加了演出。

你知道他用的是什么方法吗？

解析：剧院经理没有运用以前那种传统的一张大纸的海报，而是用一个可以不断转动的灯笼来做宣传“海报”，灯笼上三个演员的名字不断地转圈出现，没有谁先谁后之分，谁都可以认为自己是排在第一位的。

抛弃了常规的方法，剧院经理将平面的海报变成了立体的灯笼状，使看似无法解决的问题轻而易举地被化解了。这是一种旋转思维的思考方式。

举一反三

训练一：九圆一线

如图的 9 个圆紧密地排列在一起，请你一笔画一条线，尽量少打折，使它穿过所有的圆。有人已画了一条线，一共打了 4 个折，你还有更好的答案吗？注意，这条线一定要是直的，而不能是曲线。

【答案】

如图所示，只拐一个弯就行了。

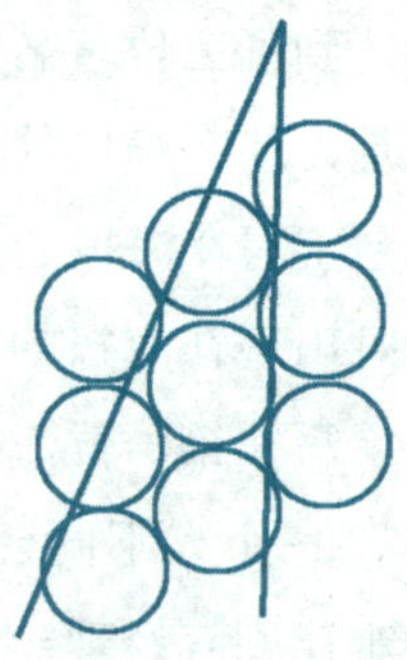

训练二：五角星

观察下图，在纸条的两端一共有 5 个点，你能把这些点全部连接起来画出一个五角星吗？

【答案】

如图所示：

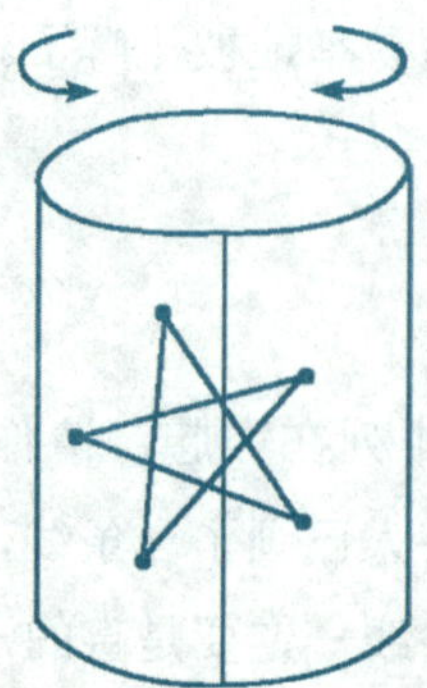

Chapter 17　奇思妙想图解题

泰勒斯的计策

据说，古希腊哲学家泰勒斯曾经做过吕底亚王克劳苏部下的一名士兵。一次，吕底亚王率部出征，来到一条河边。由于河水较深且湍急，又没有桥梁与渡船，吕底亚王只能望河兴叹。正当吕底亚王无奈之际，泰勒斯献了一条计策，使大部队在一无桥梁、二无渡船的情况下，顺利地渡过了河。

泰勒斯献了一条什么计策？

答案：如图所示，泰勒斯指挥部队在营寨后面挖了一条很深的弧形沟渠，使其两端与河水沟通。这样，湍急的河水分两股而流，原来河道的河水就变得浅而缓，大部队就可以涉水过河了。

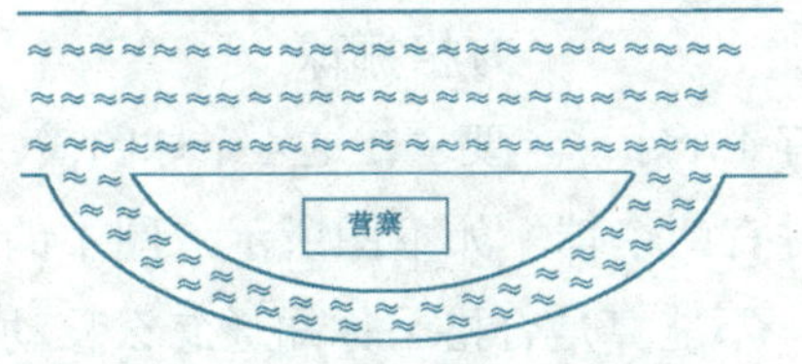

巧走弯路

飞飞和乐乐在一条马路上走着，眼见前面的马路就要向左拐弯了，乐乐便考飞飞，说："你能不往左转，就把这条马路走完吗？"飞飞笑道："这还不容易？"说罢，便快步向转弯处走去。一会儿，他果然没有向左转弯，就走完了这条向左转弯的路。

你知道他是怎么做到的吗？

答案：他走的路线如右图虚线所示：

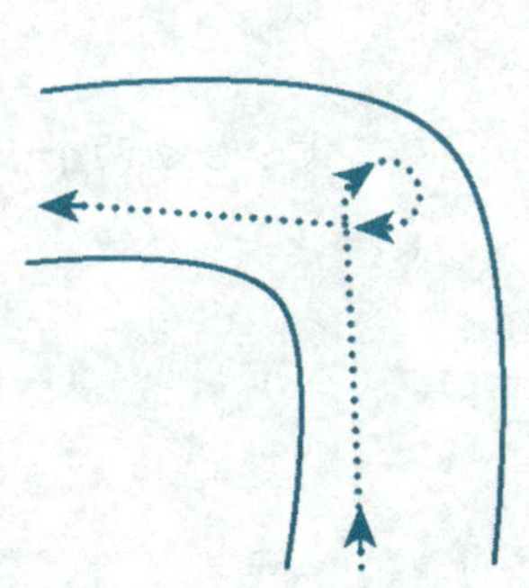

轻松搬家具

这是一座小型公寓的平面图，里面放着不少物品：办公桌、钢琴、床、沙发和书橱。只有2号房间暂时没有放家具。

租用这座公寓的房客想把钢琴和书橱对调

一下位置，但房子太小了，任何一个房间都不能同时容纳两件家具。幸亏有工人帮忙，可以把家具从一个房间移到另一个房间，这样依次移动下去，最后总能解决这个难题的。但是，怎样做才能用最少的搬动次数来达到钢琴和书橱互相换位的目的呢？

答案：两件家具互换位置，至少要把家具搬动 17 次。搬动的顺序是：1. 钢琴；2. 书橱；3. 沙发；4. 钢琴；5. 办公桌；6. 床；7. 钢琴；8. 沙发；9. 书橱；10. 办公桌；11. 沙发；12. 钢琴；13. 床；14. 沙发；15. 办公桌；16. 书橱；17. 钢琴。

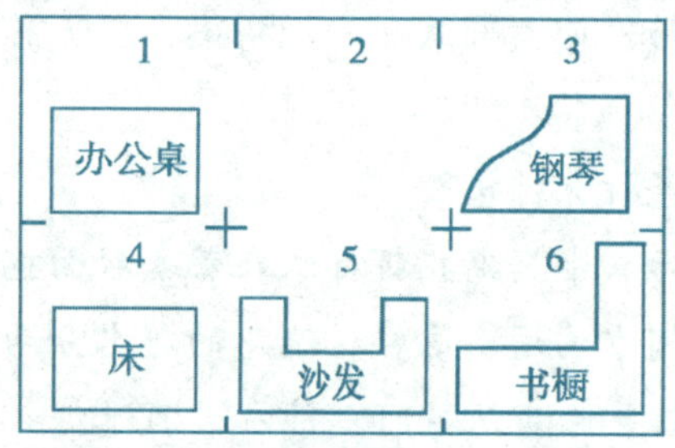

方格挪球

在一个方格里有 4 个小球，要求在这 4 个球的横、竖、方格对角斜线 3 个方向上不能同时有两个球。如下图所示，图中的球因为在点线所示的斜线上有两个球，不能算是合格。你知道怎么移动才能符合要求吗？

答案：移动两个小球的位置即可。如下图所示：

山中寻宝

某地的慈善委员会组织了一次驱车寻宝活动，寻找一桶藏在 Z 村的啤酒。所有的车先在 A 村集合，然后参赛者们分头去其他九个村子寻找线索。把这些线索集中在一起研究，才会知道那桶啤酒藏在 Z 村的什么地方。最先回来并宣布找到啤酒的是小杰克。他最巧妙地安排了自己的路线，他从 A 村到达 Z 村，沿途获得了所有线索，却没有重复走进任何一个村子。而其余的人则一直在走弯路。

下图是 11 个村子的分布图，村子与村子之间只有唯一的一条道路。你知道小杰克是怎么走的吗？

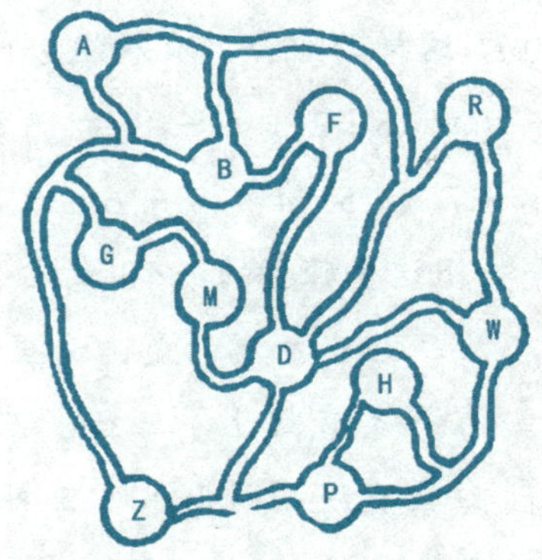

答案：小杰克走的路线是：A → G → M → D → F → B → R → W → H → P → Z。只有按这条路线走，才能做到从 A 村到 Z 村每个村走一次而不重复。

十五点

镇上的集会开始了，今年搞了一种叫作“15 点”的游戏。组织者宾治先生说：“来吧，乡亲们。规则很简单，我们只要把硬币轮流放在 1 到 9 这九个数字上，谁先放都一样。你们放镍币，我放银圆，谁首先把加起来为 15 的三个不同数字盖住，那么桌上的钱就全数归他。”

我们先看一下游戏的过程：某妇人先放，她把镍币放在 7 上，因为将 7 盖住，他人就不可再放了。其他一些数字也是如此。宾治把一块银圆放在 8 上。妇人第二次把镍币放在 2 上，这样她以为下一轮再用一枚镍币放在 6 上就可加为 15，于是她以为就快赢了。但宾治第二次把银圆放在 6 上，堵住了妇人的路。现在，他只要在下一轮把银圆放在 1 上就可获胜了。妇人看到这一威胁，便把镍币放在 1 上。宾治先生下一轮则把银圆放到了 4 上。妇人看到他下次放到 5 上便赢了，就不得不再次堵住他的路，把一枚镍币放在 5 上。但是，宾治先生却把银圆放在 3 上，因为 8 ＋ 4 ＋ 3 ＝ 15，所以他赢了。可怜的妇人输掉了这 4 枚镍币。

其实，妇人是没有办法赢的，你知道为什么吗？

答案："15 点"游戏的诀窍在于它在数学上就等于"井"字游戏。

该等价关系是在著名的 3×3 魔方的基础上建立的。要了解这种魔方的妙处，须先列出其和均等于 15 的所有三个数字的组合（不能使两个数字相同，不能有 0）。这样的组合只有八组：1 + 5 + 9 = 15；1 + 6 + 8 = 15；2 + 4 + 9 = 15；2 + 5 + 8 = 15；2 + 6 + 7 = 15；3 + 4 + 8 = 15；3 + 5 + 7 = 15；4 + 5 + 6 = 15。

现在我们仔细观察一下这个独特的 3×3 魔方：

2	9	4
7	5	3
6	1	8

应当注意的是，这里有八组元素，八组都在八条直线上：三行、三列、两条主对角线。每条直线等同于八组三个数字（它们加起来是 15）中的一组。因此，在比赛游戏中每组获胜的三个数字，都由某一行、某一列或某条对角线在方阵上代表着。宾治先生在一张卡片上画上"幻方图"，把它放在游戏台下面，只有他能看到。只有一种位置的幻方图结构，但是它可以旋转出四种不同的组合形式，而每一种形式可通过反射，又产生出另外四种形式，共八种形式。在玩这种游戏时，这八种形式中的每一种都可用就是秘诀。

在进行"15 点"游戏时，宾治先生暗自在玩卡片上画着"井"字的游戏。玩这种游戏是绝对不会输的，假如双方都正确无误地进行，最后就会出现和局。然而，参加比赛的人总是处于不利的地位，因为他们没有掌握"井"字游戏的秘诀。因此，宾治先生很容易设置埋伏进而获胜。

取钱

小文和他心仪的女孩要约会了，他们说好这个月的第二个星期天，要一起去一家高级俱乐部骑马。偏偏临到约会前一天，小文忽然想到自己存钱的银行，在每月的第二个星期六都公休。不得已，他还是前去这家银行碰运气，谁知竟然顺利地提了钱。小文既没有用借记卡或信用卡，也没有向人借钱或上当铺典当，他到底用什么办法领到了这些钱呢？

答案：如下图。因为这个月的第一天是星期天，所以第二个星期天的前一天是第一个星期六，而非第二个，因此该银行仍正常营业。

日	一	二	三	四	五	六
1	2	3	4	5	6	7
8	9	10	11	12	13	14
15	16	17	18	19	20	21
22	23	24	25	26	27	28
29	30	31				

Chapter 19 逻辑训练思考题

该怎么坐

一家有六个兄弟，他们的排行从上到下分别是老大、老二、老三、老四、老五、老六，每个人都和与他年龄最近的人关系不好。例如，老三与老二、老四关系不好。他们围着一个圆形的桌子吃饭，一定不与和自己关系不好的人相邻而坐。现在又出了点事情，老三和老五因为一点小事吵了起来，这回排座位就更难了。你能帮助他们排一下座位吗？

答案：以老三为例，他旁边不能坐老二、老四和老五，所以只好坐老大和老六了。也就是说已经有三个人的位置固定了。还剩下老二、老四和老五，老四和老五是不能相邻的，所以一定要由老二隔开。挨着老六那边坐老四，挨着老大那边坐老五。这样就可以了。

赌棍、骗子和牧师

监狱看守亨利对警官说："真糟糕！伯金斯下班时留下一张便条，说昨天晚上他逮捕了两个打扮成牧师的流氓，一个是骗子，另一个是赌棍。可是今天早上我上班时，却发现1号、2号、3号单人牢房里关着的都是牧师打扮的人，现在看来，其中一人是真正的牧师，他正好来监狱探望误入歧途的人。可是我实在分不清到底哪个是真正的牧师。"警官建议道："想法子问问他们，相信真正的牧师总是会讲实话的。""可我要是问到的那人正好是个骗子呢？据伯金斯讲，这个骗子是撒谎的老手，他从来不讲真话；而那个赌棍又是专门见风使舵的家伙，他撒不撒谎要看情况对他是否有利。"警察和亨利一起来到单人牢房门前。

"你是什么人？"警官问关在1号牢房的那个人。"我是赌棍。"那人答道。

警官又走到2号牢房门前问："关在1号牢房的是个什么人？""骗子！"

警官又问3号牢房里的人："你说关在1号牢房的那个是什么

人？”“他是个牧师。”

警官转身对亨利说：“事情已经很明显了，你可以释放牧师了……”

请问：警官是怎样判断出 1、2、3 号牢房里各关着什么人的？

答案：1 号牢房是骗子，2 号牢房是牧师，3 号牢房是赌棍。

警官首先从 1 号牢房的人的回答中推知：1 号牢房的人肯定不是牧师。如果他是牧师，那么他是说真话的，应该回答“我是牧师”。既然 1 号牢房的人不是牧师，就可以推出 3 号牢房的人是说假话，因此他肯定不是牧师。1 号和 3 号牢房的人都不是牧师，所以真正的牧师是 2 号牢房的人。而牧师是说真话的，所以 1 号牢房是骗子，3 号牢房是赌棍。

玫瑰花瓣

两个人拿着一朵有 13 片花瓣的玫瑰，轮流摘花瓣。一个人可以摘去一片或者相邻的两片，谁摘去最后的花瓣谁就是赢家，赢家在这一天中将会有好运气。其实只要按照一种方式，就可以在这个游戏中一直获胜，那么，这个获胜的人是先摘的人还是后摘的人？用什么方法呢？

答案：后摘的人可以获胜。首先，如果先摘取者摘了一片花瓣，那么，后摘取者在花瓣的另一边摘去两片花瓣；如果先摘取者摘了两片花瓣，那么，后摘取者在花瓣的另一边摘去一片花瓣。这时剩下了 10 片花瓣，后摘取者在第一次摘取时保证在摘取后，剩下的 10 片花瓣分成两组，并且这两组被上轮摘取的三个花瓣的空缺隔开。在以后的摘取中，如果先摘者摘取一片，后摘者也摘取一片；如果先摘者摘取两片，后摘者也摘取两片。并且摘取的花瓣是另一组中对应的位置，这样下去，后摘者一定可以摘到最后的花瓣。

安全的手术

一个将军得了急性盲肠炎，他请来了三位医术高明的医生，并要求他们在当天轮流给自己动手术。因为当时有瘟疫存在，任何人都有可能带有病毒，所以将军和三个医生之间，以及三个医生之间都不能接触，以防感染。只有 2 副消过毒的手术手套，怎么做才是最安全的？

答案：最安全的步骤如下。

第一个医生戴上两副手套，上面套的第二副手套的外面接触到将军。第二个医生戴上刚才第一个医生套在外面的第二副手套，这样仍是这副手套的外面接触到将军，而且他没有和第一个医生有接触。第三个医生把第一副手套翻过来戴在手上，他不会接触到第一个医生接触到的那一面；然后他再套上第二副手套，接触到将军的仍是第二副手套的外面。三个医生之间以及将军之间都没有接触，所以是最安全的。

脱险者有几人

一艘客轮触礁，只有一艘救援船，这艘船只能装下 5 个人，离这里最近的岛有 4 分钟的路程，20 分钟后客轮就会沉掉，客轮上共有 25 人，到底多少人能生还呢？

答案：到达岛上要 4 分钟的话，来回就要花 8 分钟。先让 5 个人乘船上岛，因为必须有 1 个人要把船划回来，所以只有 4 个人到达岛上避难（花 8 分钟，4 人获救）。然后再载 5 个人到岛上，1 个人再驾船回来（16 分钟，8 人获救），当船再载 5 个人离开后，就没有时间再回来接人了，当船到达岛上时，那艘船已经沉了。所以最多能有 13 人安全脱险。

欧美法律界经典案例

这是欧美法律界中一个经典的案例：3 个探险家 A、B 和 C 在沙漠中偶遇。A 跟 C 有世仇，决定借机谋杀 C，他偷偷地在 C 的水壶里下了剧毒。B 也想谋杀 C，但他不知道 A 已经有所行动，趁 C 没留神，B 在 C 的水壶底凿了个洞。不一会儿，里面的水就漏光了。因为缺水，当天晚上，C 死在了沙漠里，离营地只有 1 英里。

如果让你判断谁是凶手，你也许会说，A 是凶手。但 C 是渴死的，跟 A 下的毒药无关。断定 B 是凶手也不容易，B 把毒水从 C 的水壶里排掉，延长了他的寿命，要是没有 B，C 一喝下剧毒就会立刻死亡，而不能坚持到晚上。如果 C 早点赶到营地，他就不会死，那么 B 就成了他的救命恩人。虽然 C 最后没有及时赶到营地，但那不是 B 造成的。

现在的问题是：究竟谁是凶手？为什么？

答案：A 和 B 都有杀 C 的动机，而因为这个动机他们也付出行动了。由于 A 和 B 共同行动的结果导致了 C 的死亡，因此 A 和 B 都是凶手。如果没有他们俩，C 就不会死。

快速过桥

漆黑的夜晚，四位旅行者走到一座狭窄且没有护栏的桥边。如果没有手电筒照路的话，大家是无论如何也不敢过桥的。但很不巧，四个人一共只带了一只手电筒，而桥窄得只够两个人同时通过。如果各自单独过桥的话，四人所需要的时间分别是3、4、6、9分钟；而如果两人同时过桥，所需要的时间就是走得比较慢的那个人单独行走时所需的时间。你能设计一个方案，让这四人用最短的时间过桥吗？

答案：假设这四人分别为甲、乙、丙、丁。

甲、乙一起过桥用4分钟；

乙留在桥那边，甲返回用3分钟；

丙、丁一起过桥用9分钟；

留在桥那边的乙返回用4分钟；

甲、乙一起过桥用4分钟。

一共是4＋3＋9＋4＋4＝24分钟。

七环金链

秋童在一家外企工作，由于她工作积极，公司决定奖励她一条金链。这条金链由七环组成，但是公司规定，每周只能领一个金环，而且切割费由自己负责。这让秋童感到为难，因为每切一个金环，就需要付一次昂贵的费用，想想真不划算。聪明的秋童想了一会儿之后，想到了一个不错的方法，她不必将金链分开成七个了，只需要从中取出一个金环，就可以每周都领一个金环，她是怎么做到的呢？

答案：取出第三个金环，形成1个、2个、4个三组。第一周领1个；第二周领2个，还回1个；第三周再领1个；第四周领4个，还回1个、2个；第五周再领1个；第六周领2个，还回1个；第七周领1个。

几张唱片

小南说：“你那些爵士乐唱片还在吗？”

小熊：“没有了。我已经把一半唱片和一张唱片的一半送给了小吴。然后我又把剩下的一半唱片和一张唱片的一半送给了小海。我现在只剩下一张唱片了，假如你能说出我原来有几张摇滚乐唱片，那么这一张就送你。”

你知道小熊原来有几张唱片吗？

答案：7张。

因为小熊在最后一次送礼后只剩下了1张唱片，所以在他把唱片送给小海之前，一定有3张唱片。3的一半为1.5，而1.5 + 0.5 = 2，所以小熊最后一次送礼是2张唱片，末了自己留有1张完整的唱片。现在倒过来往前算就很简单了，他原来一定有7张唱片，给了小吴4张。

抽屉里的袜子

抽屉里放着一些红袜子和黑袜子，两种颜色的袜子的数目一样。

为了保证取出一双同样颜色的袜子，你闭着眼睛至少要从抽屉里摸出多少只袜子？

为了保证取出两只不同颜色的袜子，你闭着眼睛至少要从抽屉里摸出多少只袜子？

让人感到惊奇的是，这两个数目是一样的。假设这个计算是完全正确的，想想看，抽屉里最少有多少只袜子？

答案：4只袜子。

为了保证取出一双同样颜色的袜子，至少要从抽屉里摸出3只袜子。

为了保证取出2只不同颜色的袜子，从抽屉里摸出的袜子的数量，至少要比抽屉中某种颜色的袜子的数量多1只。由条件，这样取出的袜子的数量是3只，因此，抽屉中某种颜色的袜子的数量是2只。所以，抽屉中袜子的总数是4只。

帕费姆夫人的香烟

帕费姆夫人多年来烟瘾极大，她终于决心要把香烟彻底戒掉。“我抽完剩下的这27支香烟”，她自言自语道，“就再也不抽了。”帕费姆夫人的抽烟习惯是，每支香烟只抽2/3，不多也不少。她很快就发现，用某种透明胶纸可以把3个烟蒂接成一支新的香烟。她手头有27支香烟，在彻底戒烟之前，她还能抽多少支呢？

答案：抽完了那27支香烟，帕费姆夫人把烟蒂接成9支接着抽。

这9支香烟的烟蒂又可接成3支。最后的3个烟蒂，她又接成了最后1支香烟。她总共抽了40支香烟。

沙漏计时

现在有10分钟和7分钟的沙漏计时器。如果用两个计时器测量18分钟的时间，要怎么办呢？（翻转沙漏计时器的时间是可以完全忽略不计的。）

答案：可以考虑把两个沙漏计时器交互翻转使用，这样来完成总共18分钟的测量。

首先同时让10分钟和7分钟的沙漏计时器开始计时。

7分计时器的沙子漏完的同时，将它翻转过来。

10分计时器的沙子漏完的同时，也将它翻转过来。

7分计时器的沙子再次漏完的同时，不翻转7分计时器，而是把10分计时器翻转过来。

10分计时器的沙子再次漏完的时候，就是由开始到此时的18分钟。

用算式表示即为：$2\times7+4=18$，你看出4是怎么来的了吧？

上将与马

阿尔泰上将和他的马一起出远门。刚开始阿尔泰骑在马上走，这样马的速度是每小时12公里。走了正好一半的路程后，阿尔泰心疼自己的马，于是跳下来牵着马走，这样他的速度仅仅是每小时4公里。请问马的平均速度究竟是多少？

答案：如不假思考，可能会回答：8公里/小时，其实不是。如果全路程是“1”的话，那么前一半路马走$1/2\div12=1/24$（单位时间），而后一半路程走$1/2\div4=1/8$（单位时间）。全程应该走$1/24+1/8=1/6$（单位时间）。因此平均速度应为$1\div1/6=6$（公里/小时）。

安全过河

有三对母子老虎（三只母老虎会划船，三只小老虎中只有一只会划船）和一条船（一次只能载两只）。三只母老虎不吃自己的孩子，但只要另外的两只小老虎没有其母亲守护，就会被吃掉。怎样才能让六只老虎安全地过河？

答案：设大老虎为ABC，相应的小老虎为abc，其中c会划船。

（1）ac过河，c回来（a小老虎已过河）。

（2）bc过河，c回来（ab小老虎已过河）。

（3）BA过河，Bb回来（Aa母子已过河）。

（4）Cc过河，Aa回来（Cc母子已过河）。

（5）AB过河，c回来（ABC三只大老虎已过河）。

（6）ca过河，c回来（ABCa已过河）。

（7）cb过河，大功告成！